쉬운 EASY 베스트 어린이하농

일신서적출판사

contents

제1부

다섯 손가락을 위한 연습

1. 5-4번 손가락 벌리기 … 6
2. 3, 4번 손가락을위한 연습 … 8
3. 2, 3, 4번 손가락을위한 연습 … 10
4. 5-4번 트릴 준비 연습 … 12
5. 5-4번 트릴을 위한 연습 … 14
6. 5번의 정확한 타건 연습 … 16
7. 3, 4, 5번 손가락 연습 … 18
8. 5-4번 손가락 벌리기 … 20
9. 5-4번 손가락 벌리기 … 22
10. 2-3, 4-3번 트릴 연습 … 24
11. 5-4번 트릴 연습 … 26
12. 1-5번 손가락 벌리기 … 28
13. 3, 4, 5번 손가락 연습 … 30
14. 4-3번 트릴 연습 … 32
15. 1-2-1번 손가락 이동 … 34
16. 3-5, 3-1번 손가락 벌리기 … 36
17. 손가락 벌리기와 고른 타건 … 38
18. 다섯 손가락을위한 연습 … 40
19. 1-5번 손가락 벌리기 … 42
20. 2-4, 4-5번 손가락 벌리기 … 44

제2부

음계와 아르페지오 연습

- 다장조(C Major) … 48
  가단조(a minor) … 49
- 바장조(F Major) … 50
  라단조(d minor) … 51
- 사장조(G Major) … 52
  마단조(e minor) … 53
- 내림나장조(B♭ Major) … 54
  사단조(g minor) … 55
- 라장조(D Major) … 56
  나단조(b minor) … 57
- 내림마장조(E♭ Major) … 58
  다단조(c minor) … 59
- 가장조(A Major) … 60
  올림바단조(f# minor) … 61
- 내림가장조(A♭ Major) … 62
  바단조(f minor) … 63
- 마장조(E Major) … 64
  올림다단조(c# minor) … 65

제3부

최고의 테크닉을 위한 연습

1. 1–2번 손가락 넘기기 하농 32번 응용 … 68
2. 1–3번 손가락 넘기기 하농 33번 응용 … 70
3. 1–4번 손가락 넘기기 하농 34번 응용 … 72
4. 트릴 연습 하농 30번 응용 … 74
5. 같은음손가락 바꾸기 하농 44번 응용 … 75
6. 같은음손가락 바꾸기 하농 47번 응용 … 76
7. 같이가기1 … 78
8. 같이가기2 … 80
9. 올라가는음계 연습 하농 38번 응용 … 82
10. 내려가는음계 연습 하농 38번 응용 … 83
11. 3도 겹음 연습 … 84
12. 6도 겹음 연습 … 85

머리말

이 책은 [하농 60번] 원곡을 손이 작은 아이들이 쉽게 익히면서 충분한 손가락 훈련을 할 수 있도록 2옥타브 내로 범위를 축소시킨 책입니다.

하농 제1부(각각의 손가락이 독립적으로 움직이고, 힘을 고르게 또한 빠르게 움직이기 위한 연습) 20곡을 주요 연습곡으로 사용하면서, 전체 3과정으로 나누어 선택하여 연습할 수 있도록 만들었습니다.

- **제1부** _ **다섯 손가락을 위한 연습 [하농 1~20번]**
- **제2부** _ **음계와 아르페지오 연습**
- **제3부** _ **최고의 테크닉을 위한 연습 [하농 30번 이후]**
  손가락 넘기기, 트릴, 같은음 손가락 바꾸기, 같이가기, 3도 및 6도 겹음 연습

제 1부

다섯 손가락을 위한 연습

1~20번까지는 다섯 손가락의 독립성, 균형성, 유연성, 힘있는 타건을
위한 연습곡입니다.
먼저 기본 연습곡을 정확히 연습한 후, 위쪽의 작은 악보에 리듬을 적용
시켜 여러가지 리듬으로 반복하여 연습할 수 있도록 하였습니다.
이와 같은 방법으로 연습하면 지루함과 부담이 줄어들어 손가락
힘과 테크닉을 향상시키는 효과가 더욱 높아질 것입니다.

5-4번 손가락 벌리기

응용연습
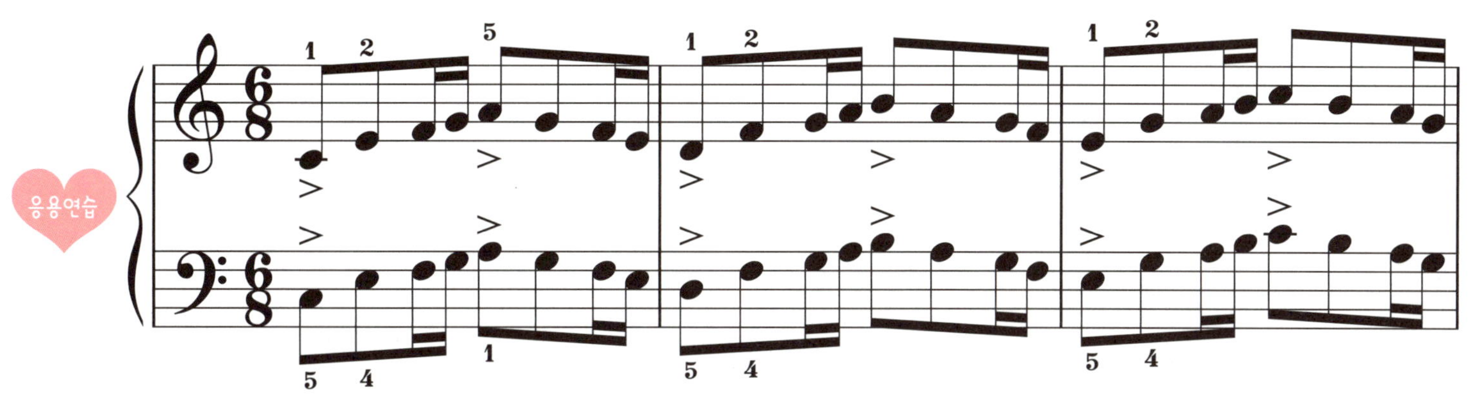
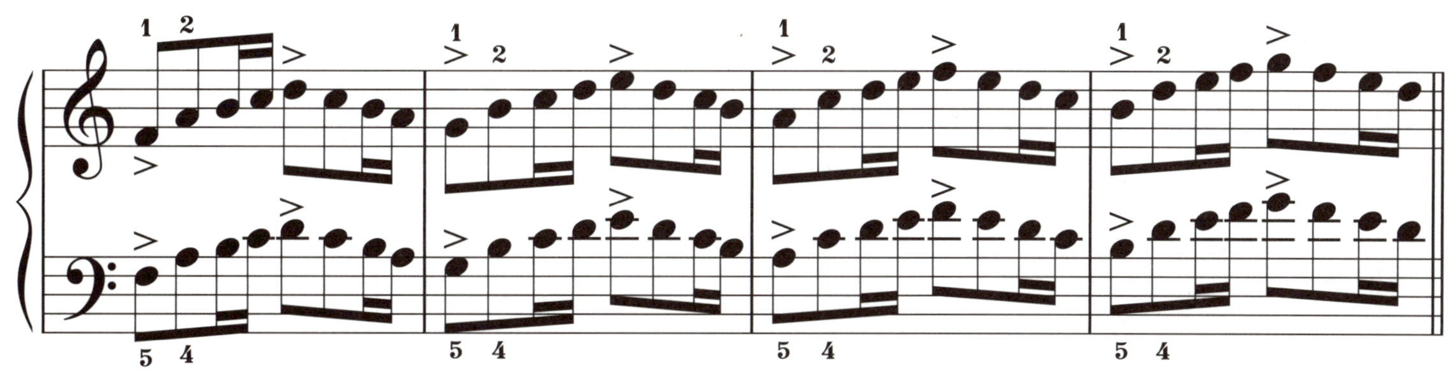
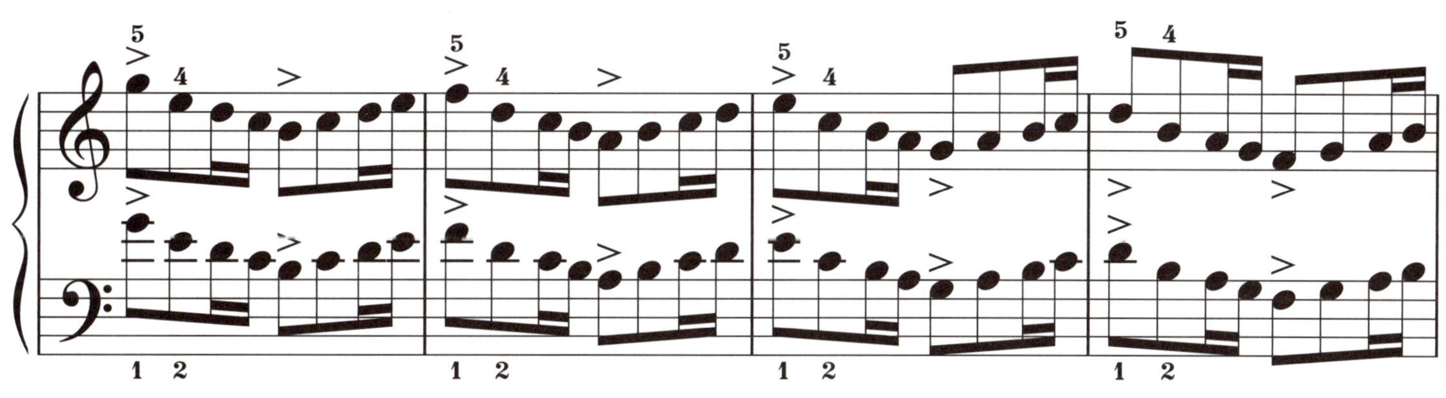
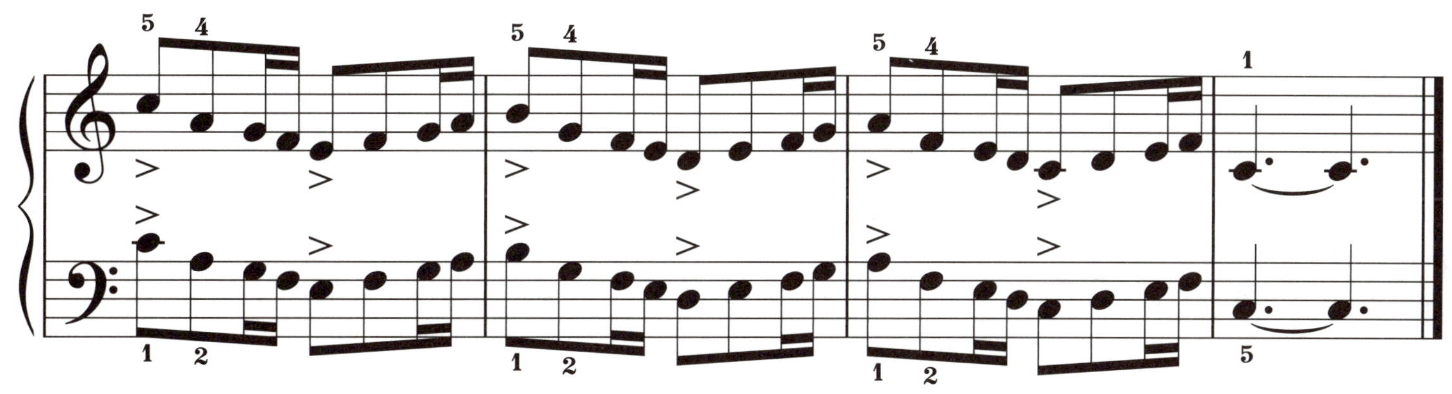

3, 4번 손가락을 위한 연습

응용연습

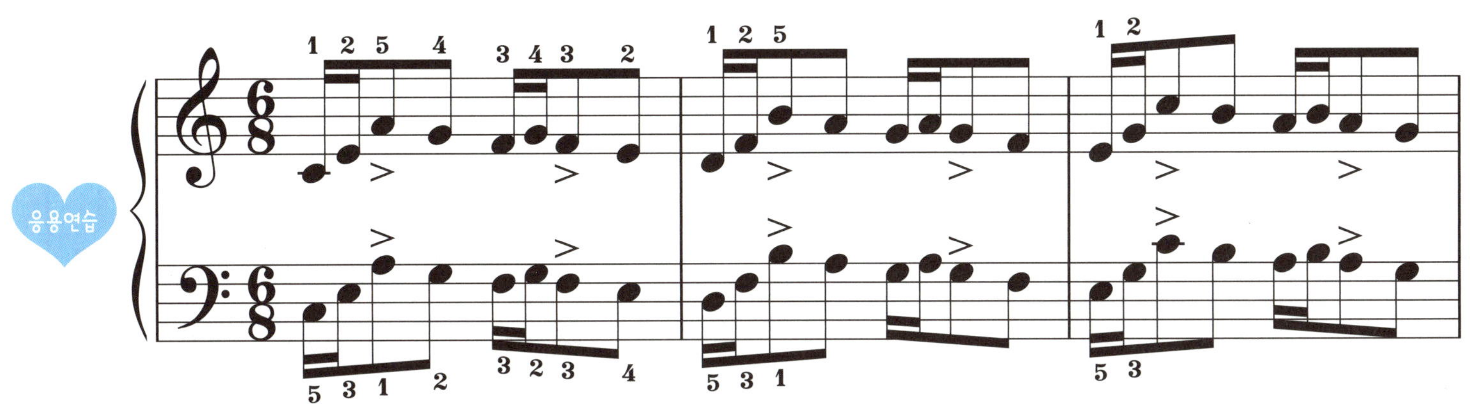

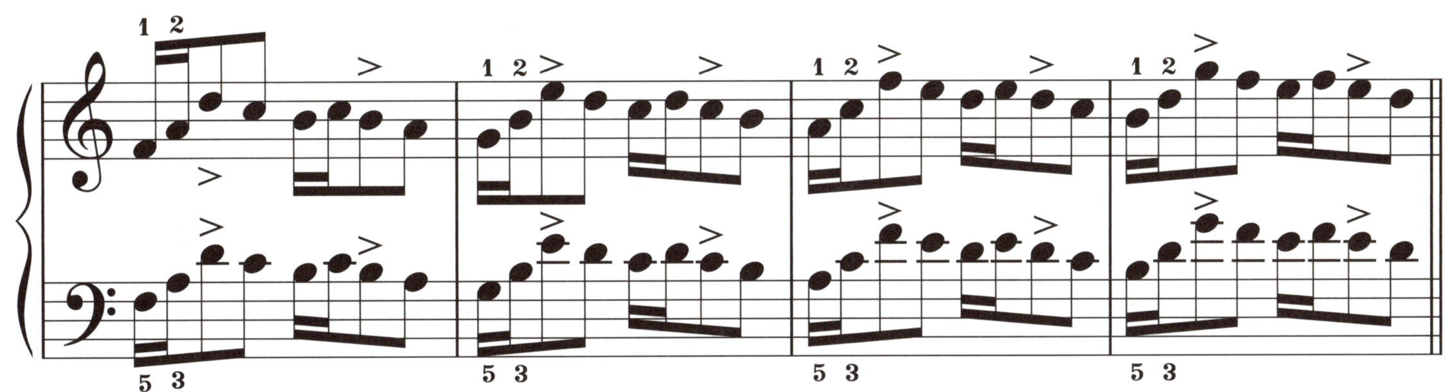

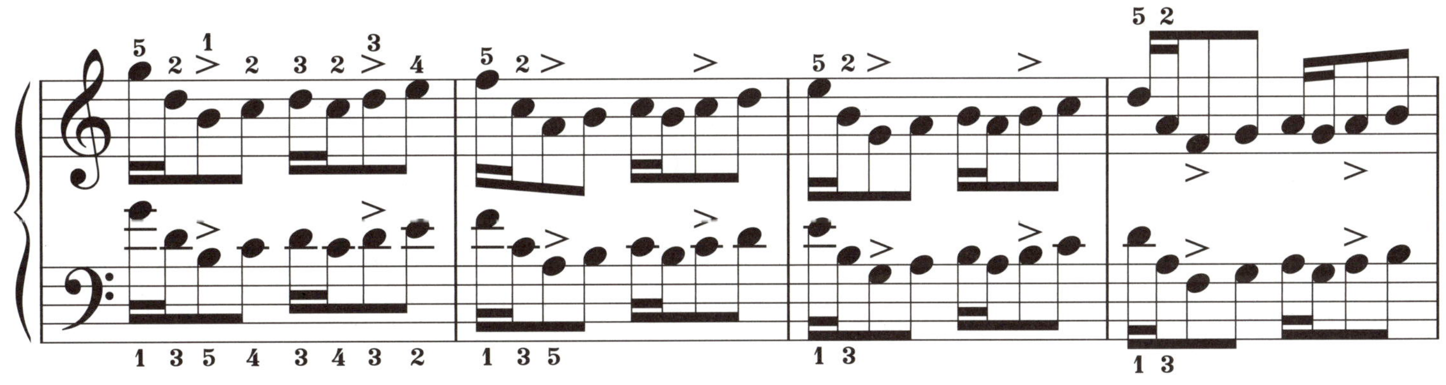

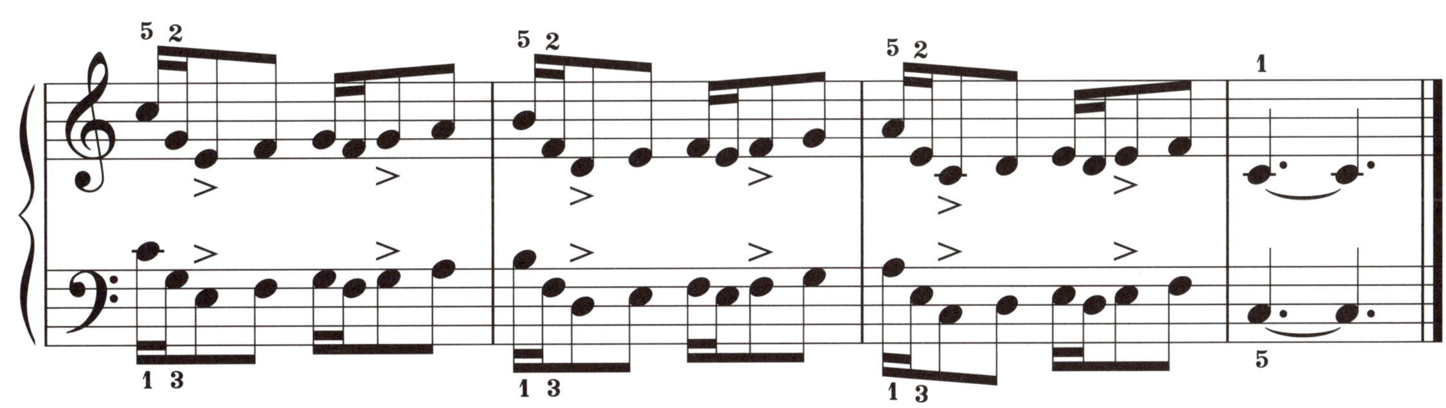

2, 3, 4번 손가락 연습

5-4번 트릴 준비 연습

5-4번 트릴을 위한 연습

14

5번의 정확한 타건 연습

응용연습

3, 4, 5번 손가락 연습

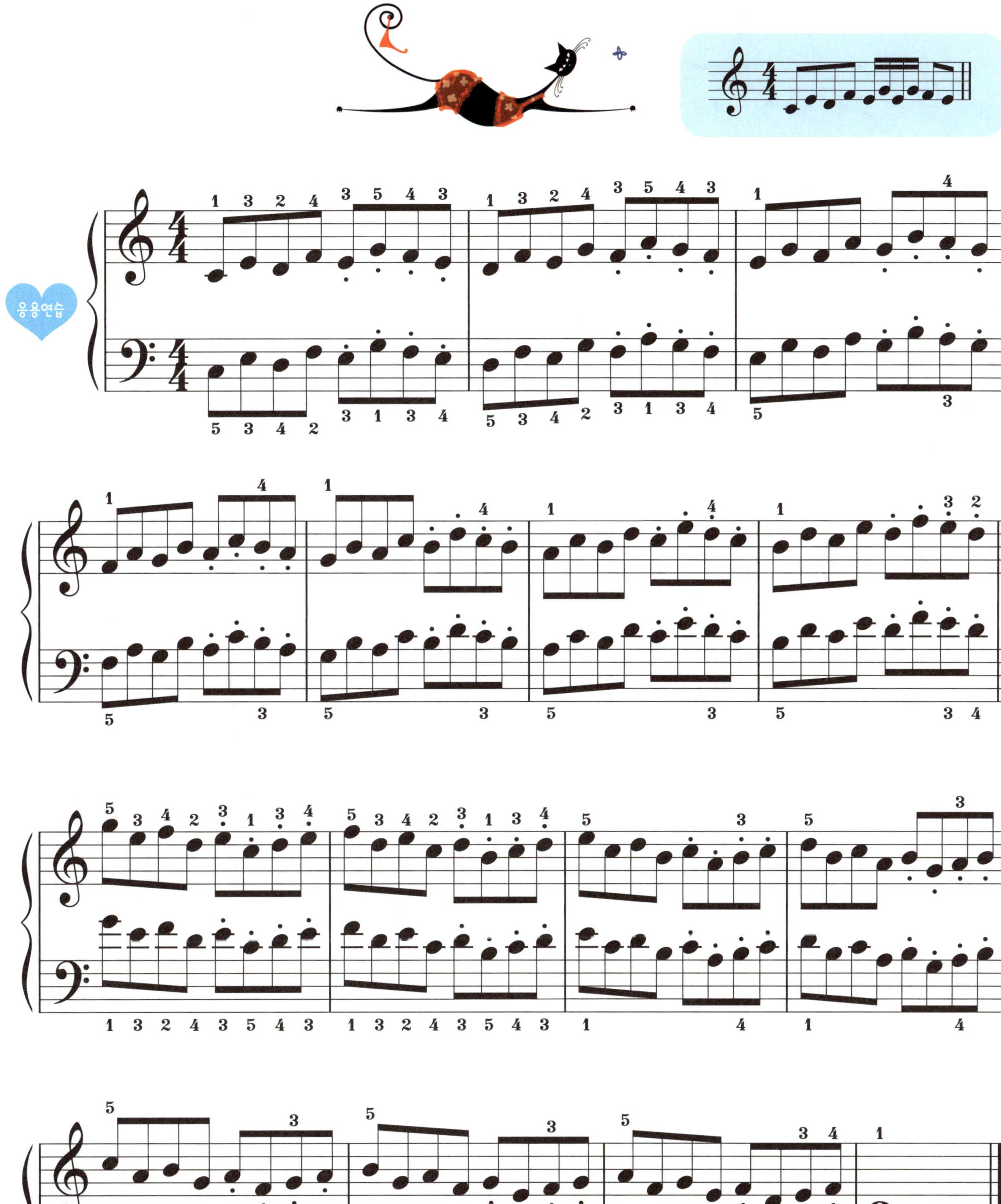
응용연습

5-4번 손가락 벌리기

응용연습

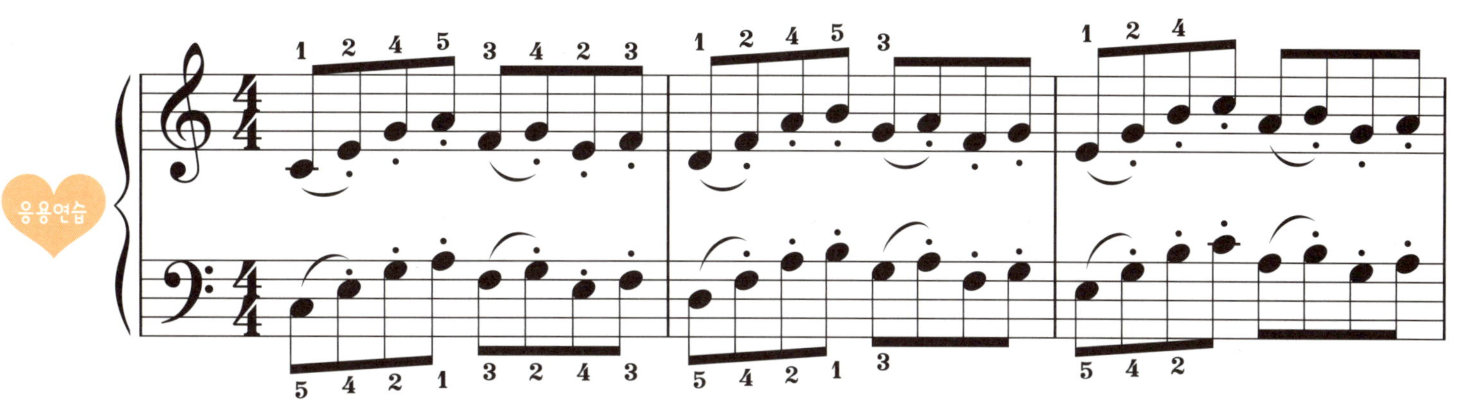

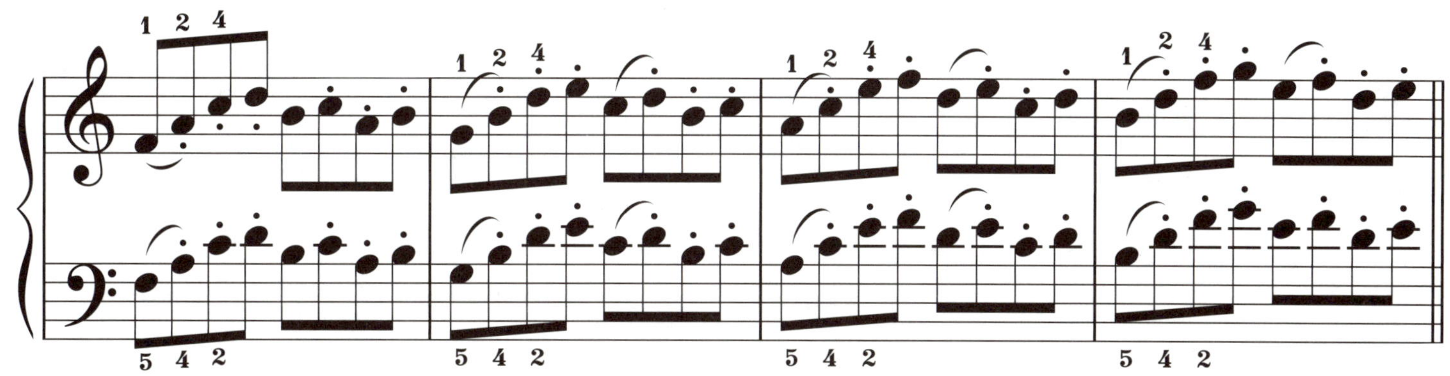

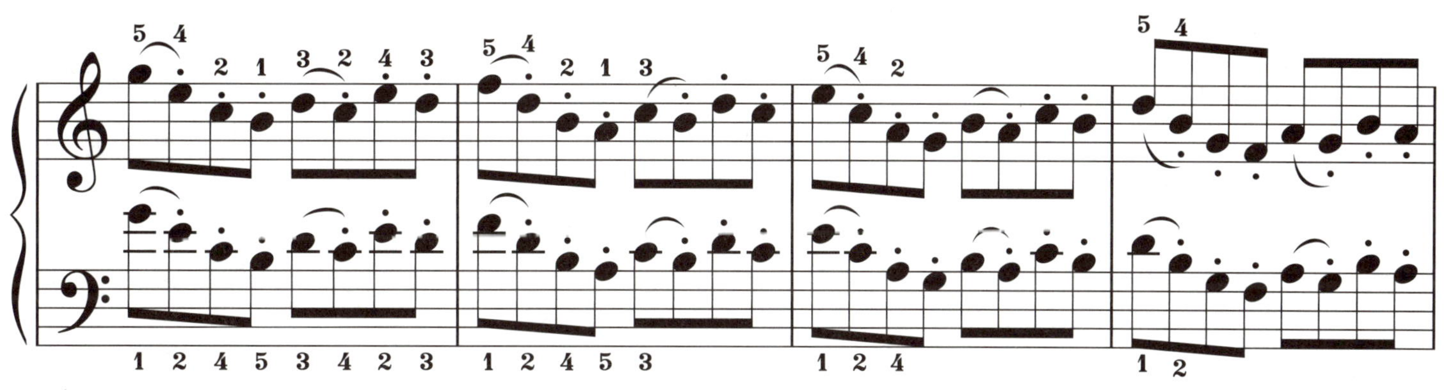

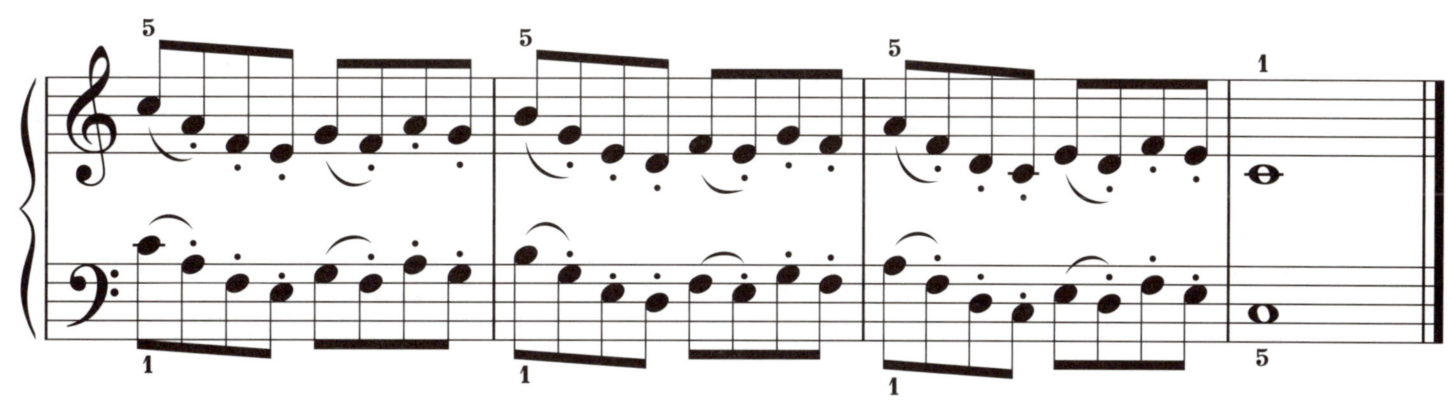

5-4번 손가락 벌리기

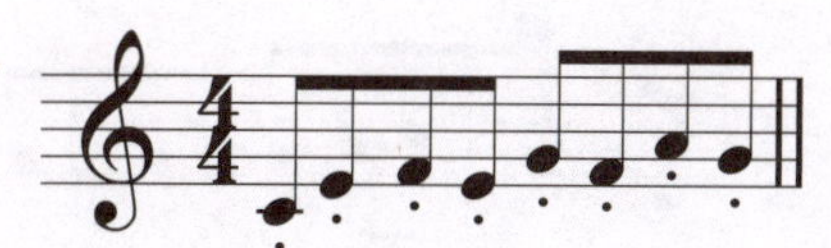

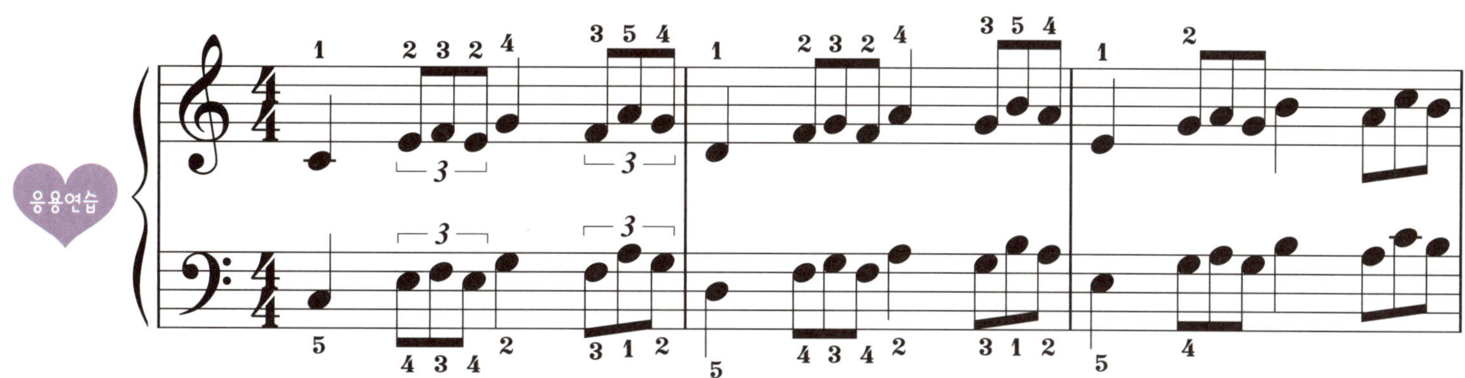
응용연습

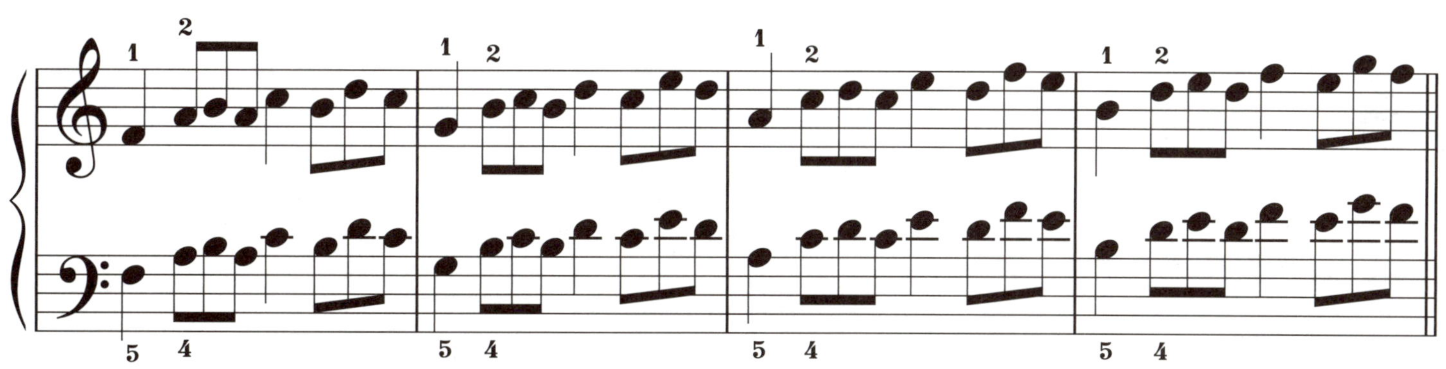

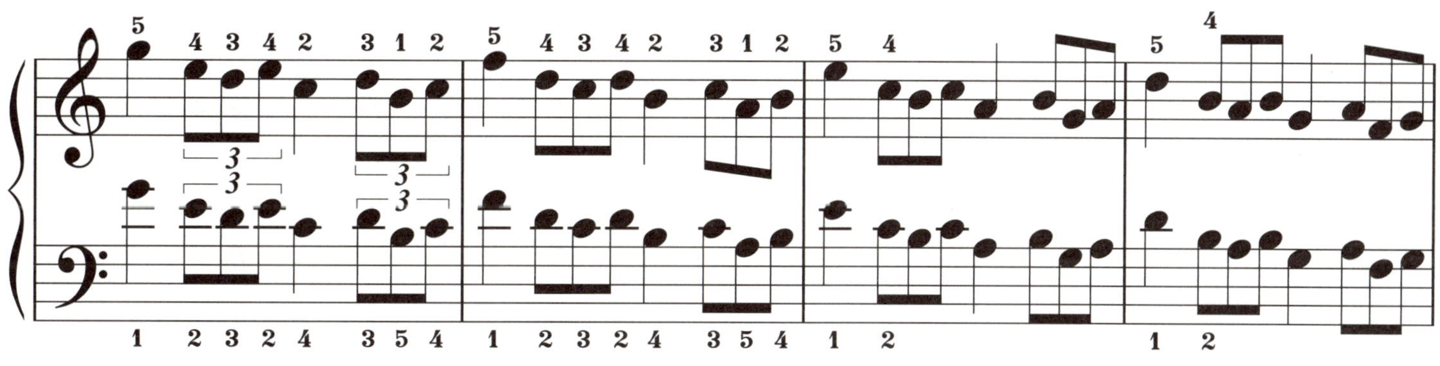

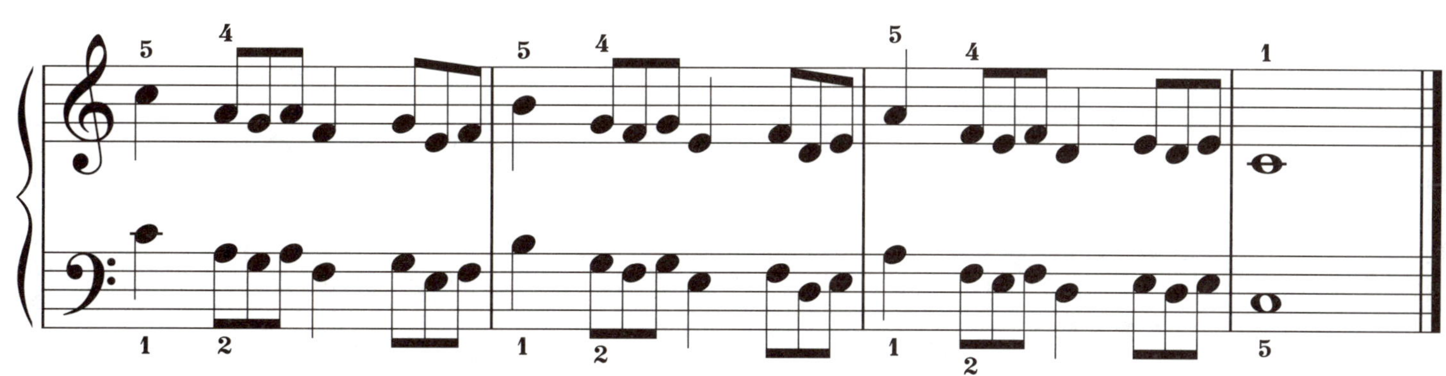

2-3, 4-3번 트릴 연습

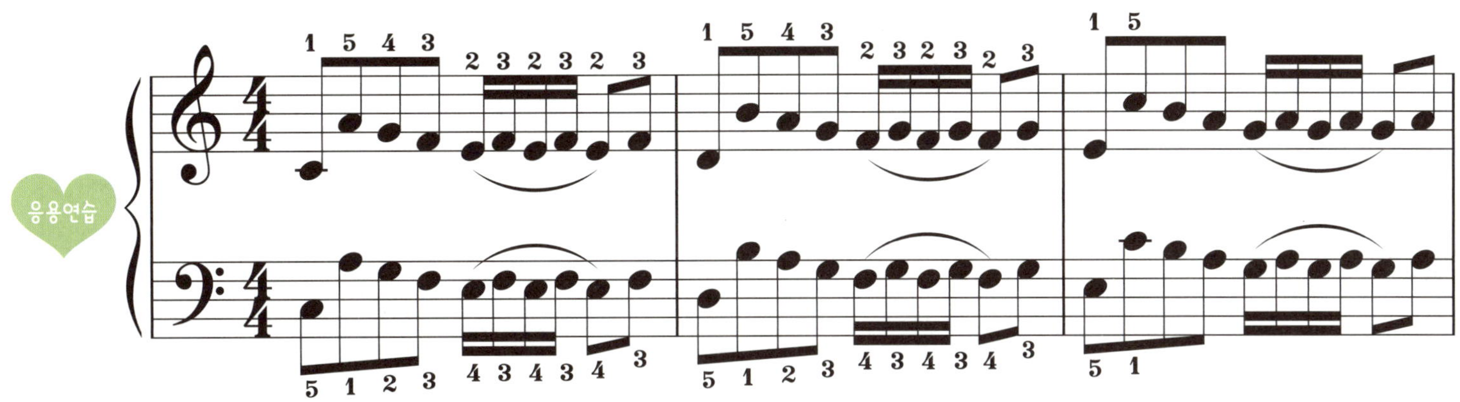

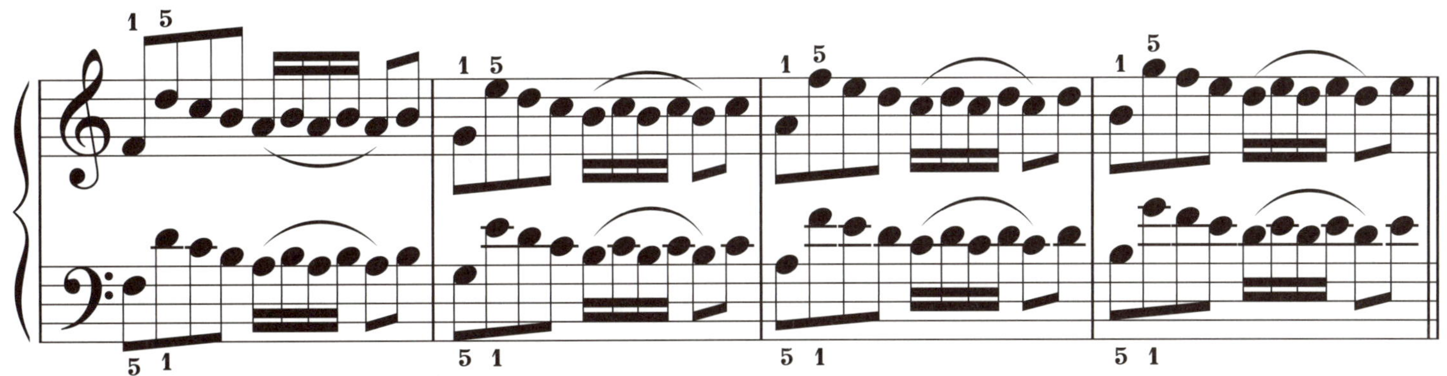

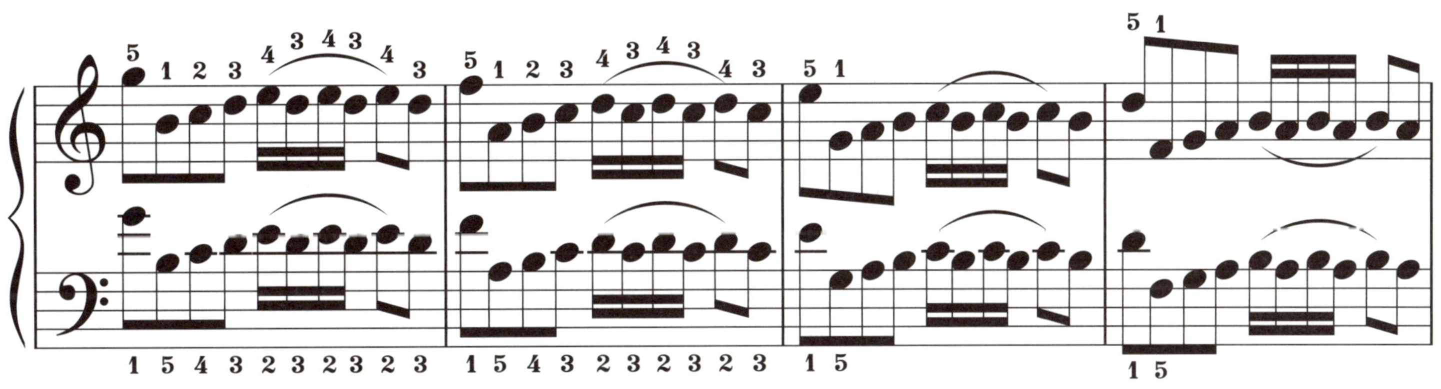

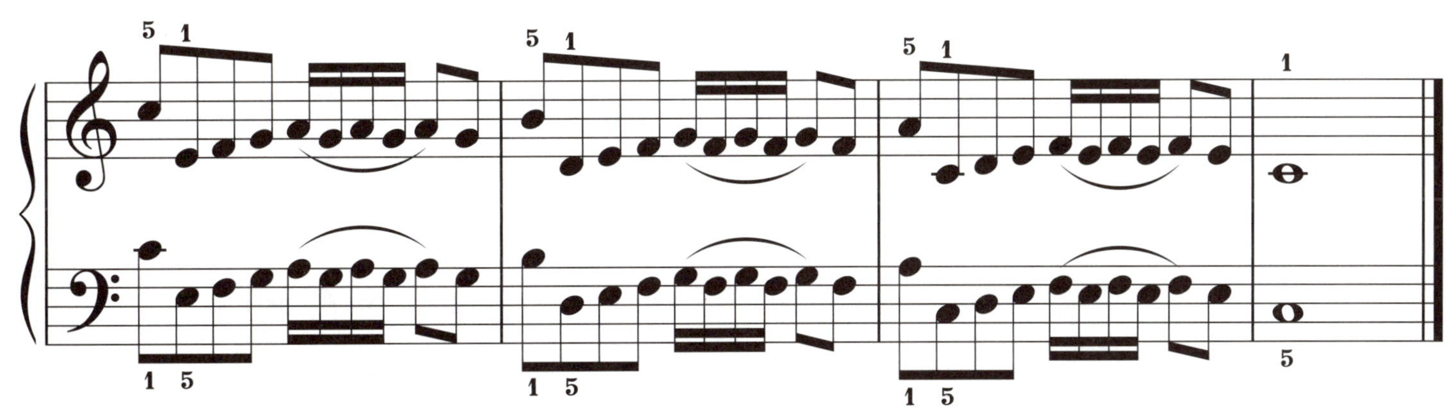

5-4번 트릴 연습

응용연습

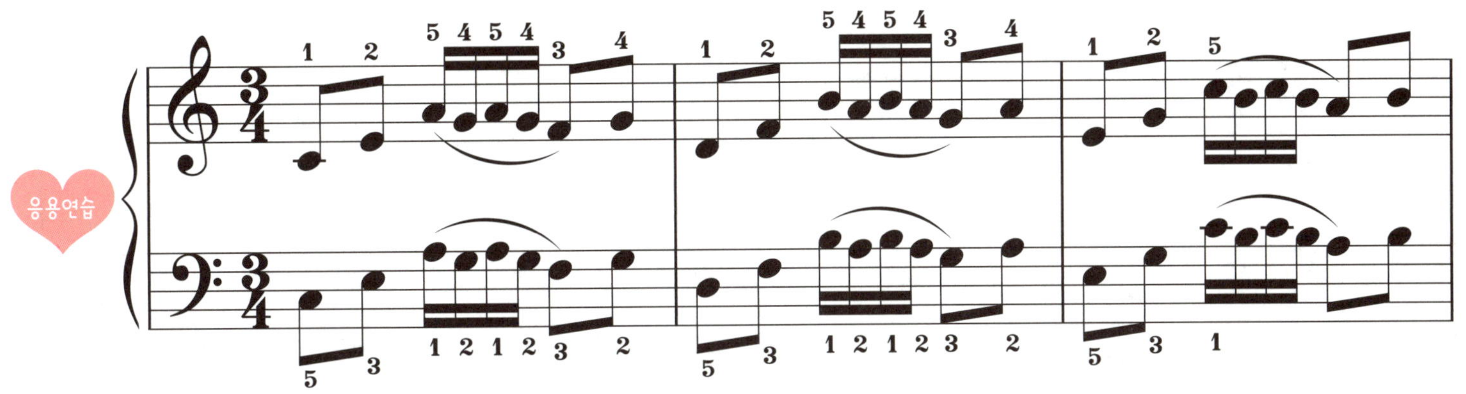

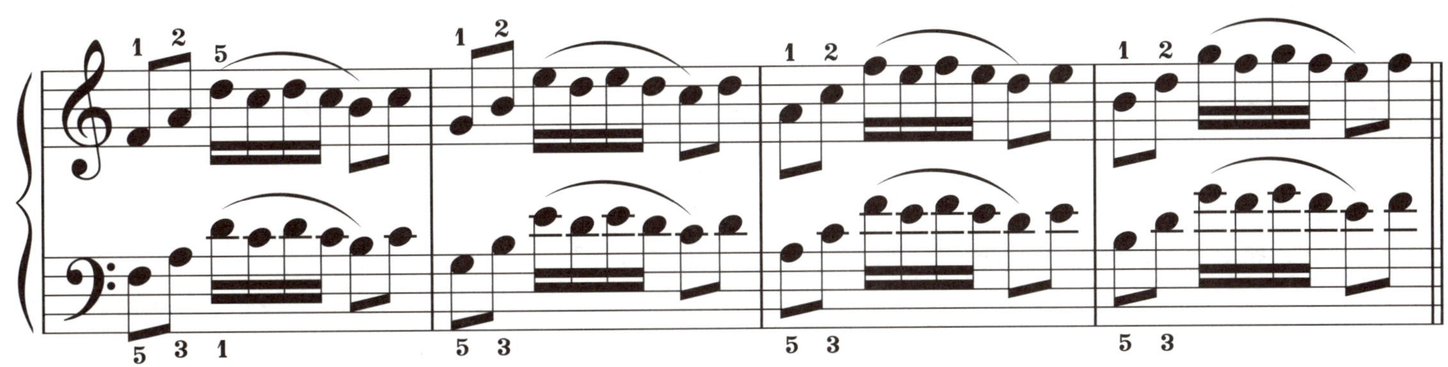

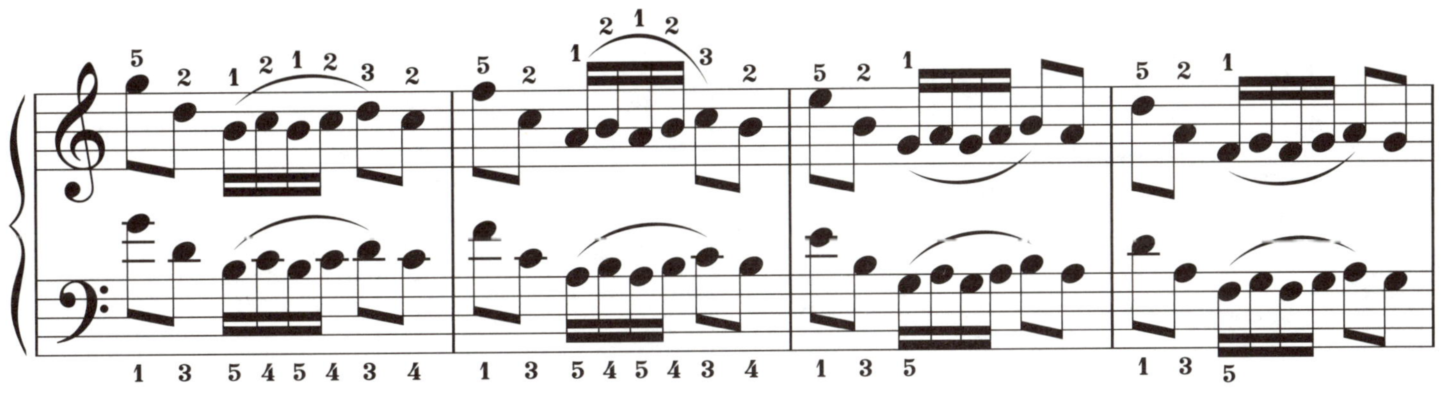

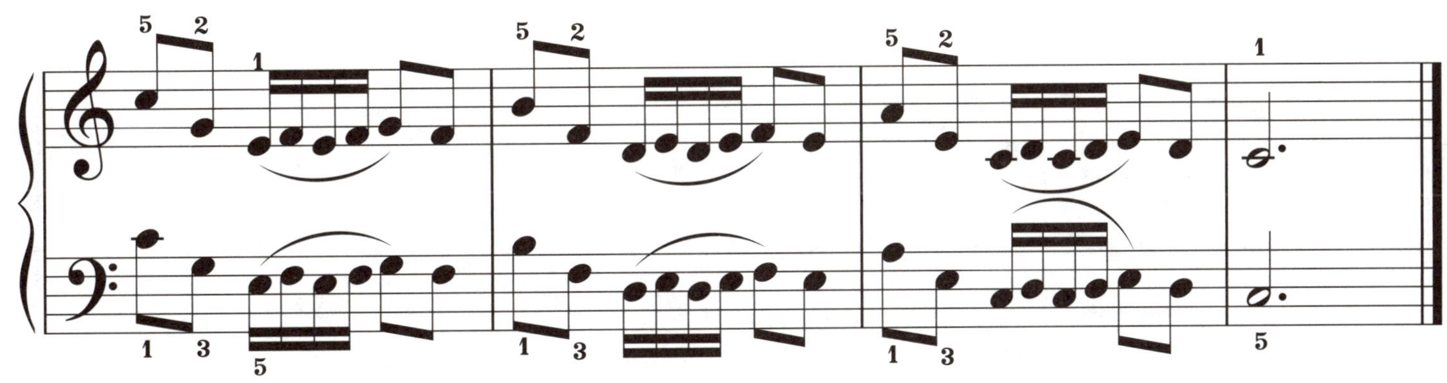

1-5번 손가락 벌리기

28

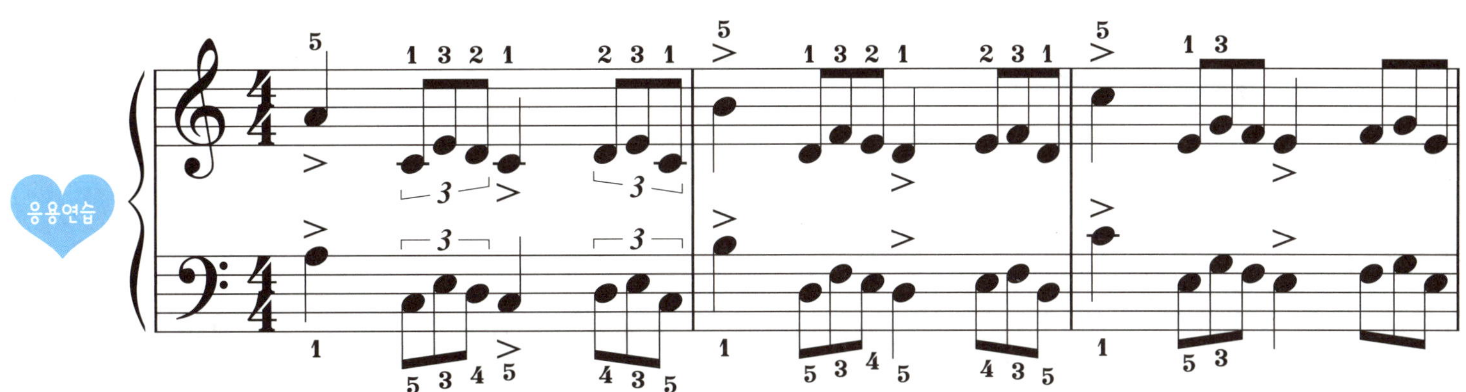

응용연습

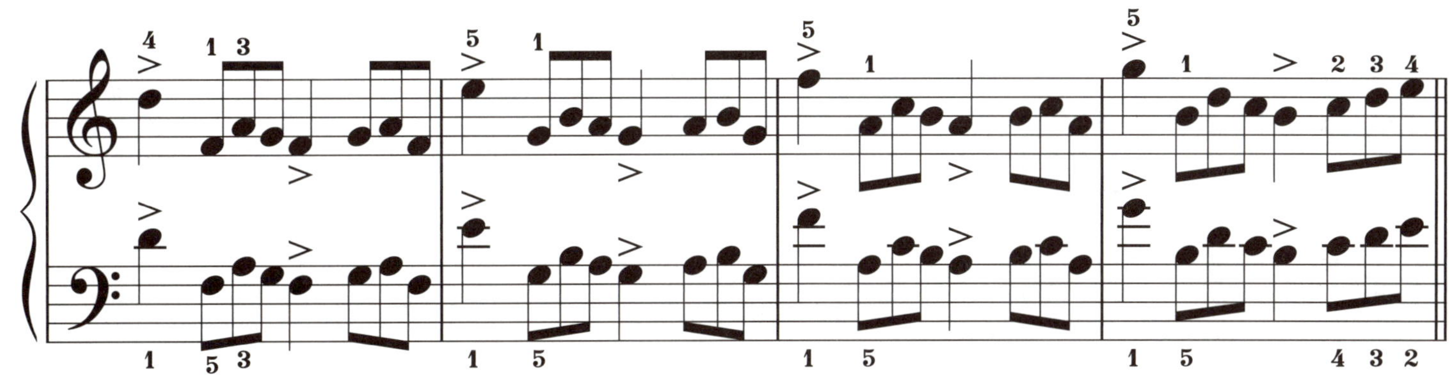

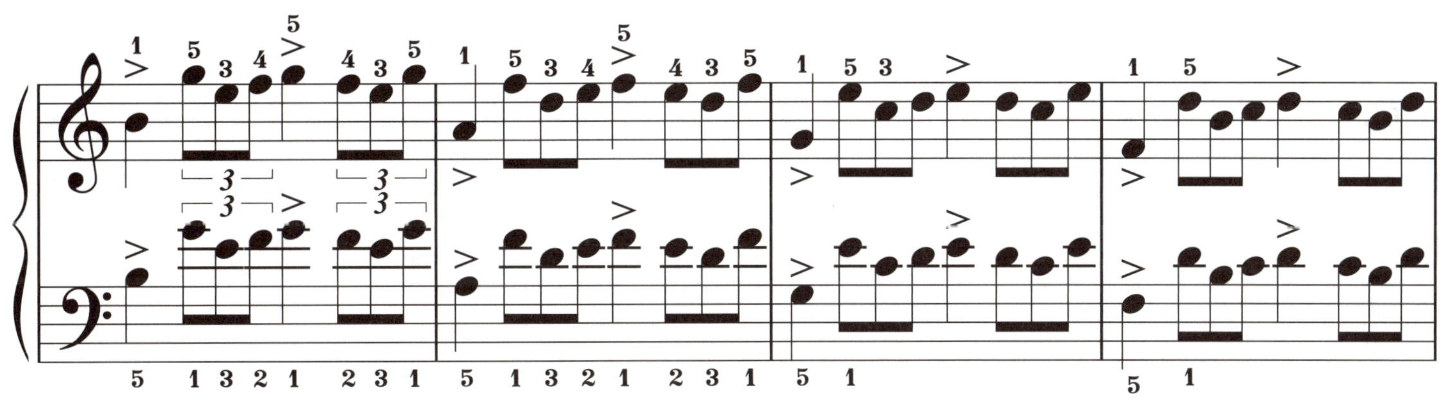

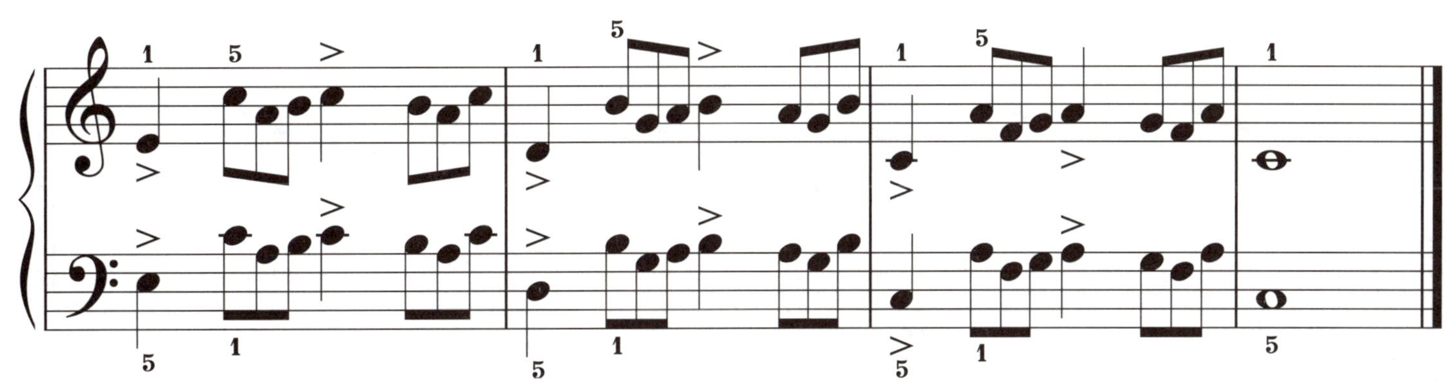

3, 4, 5번 손가락 연습

응용연습

4-3번 트릴 연습

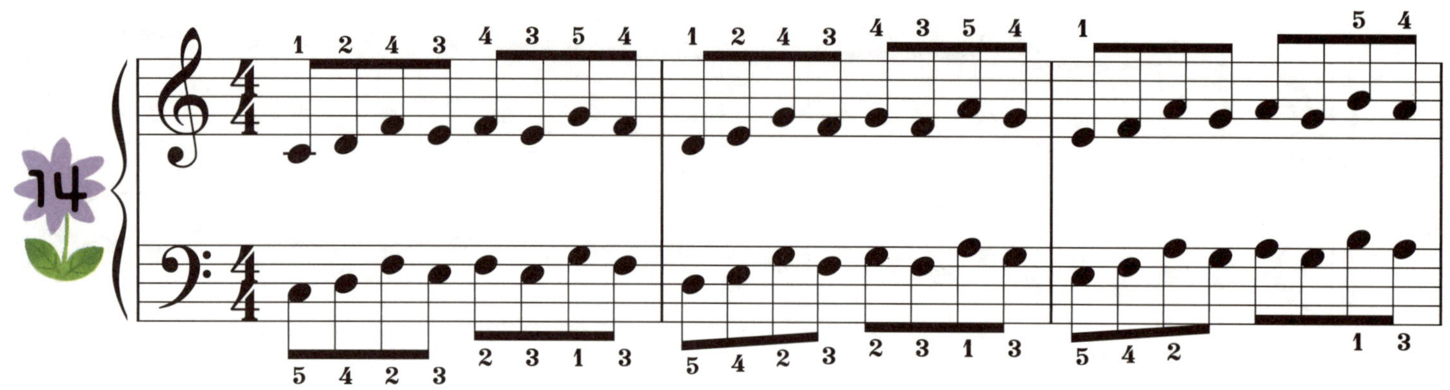

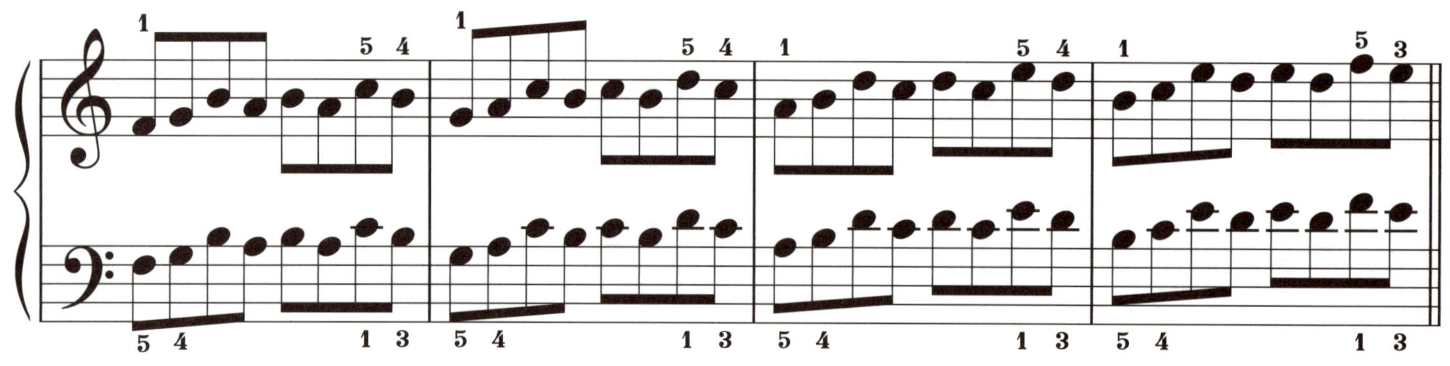

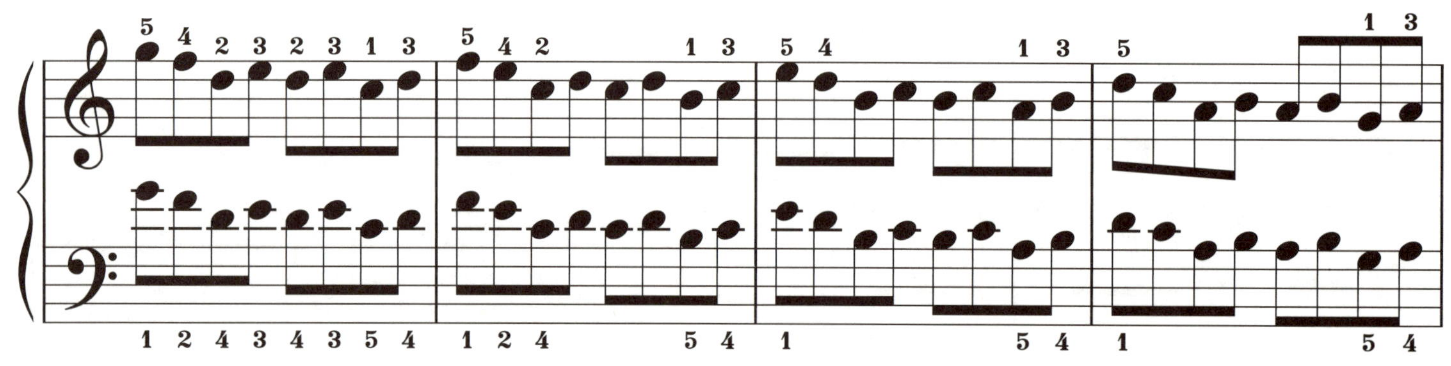

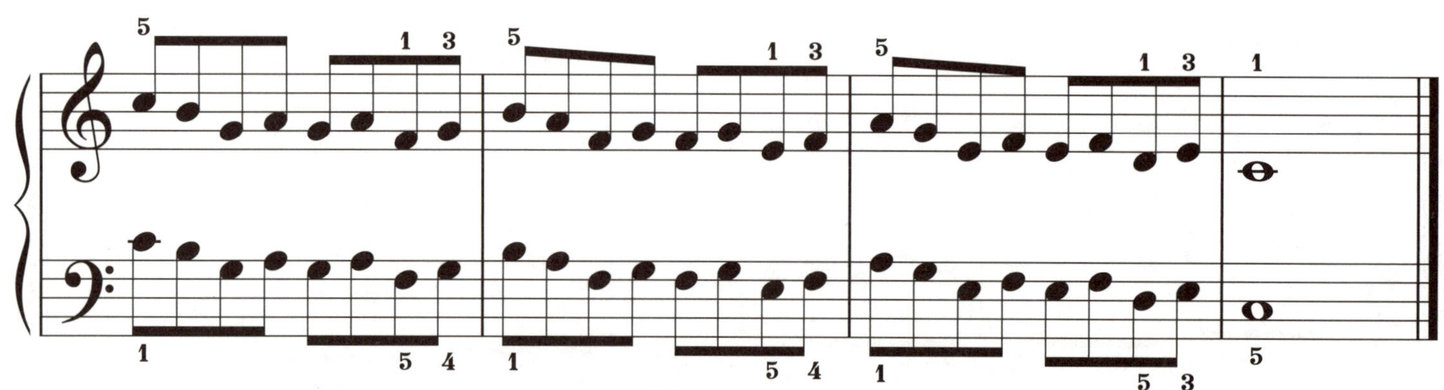

응용연습

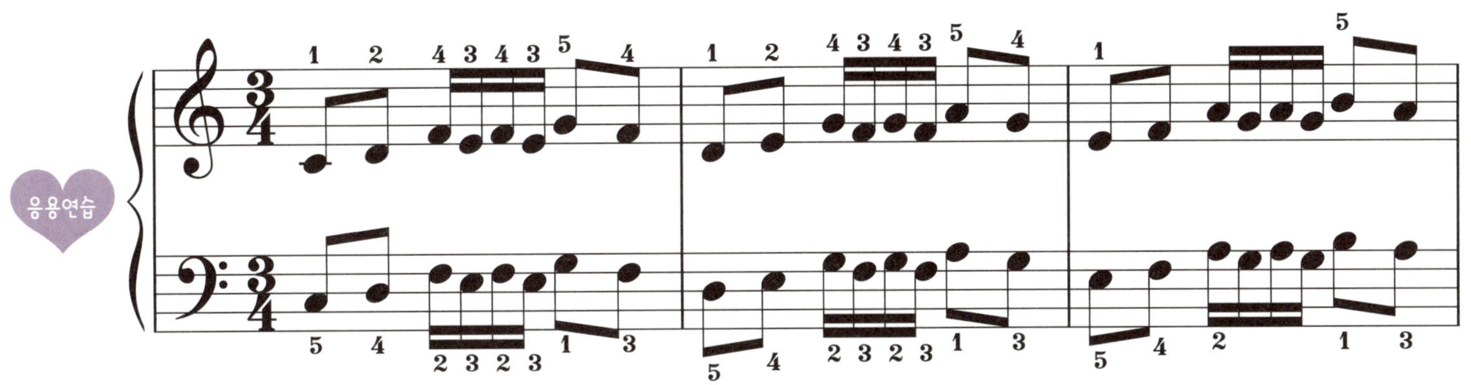

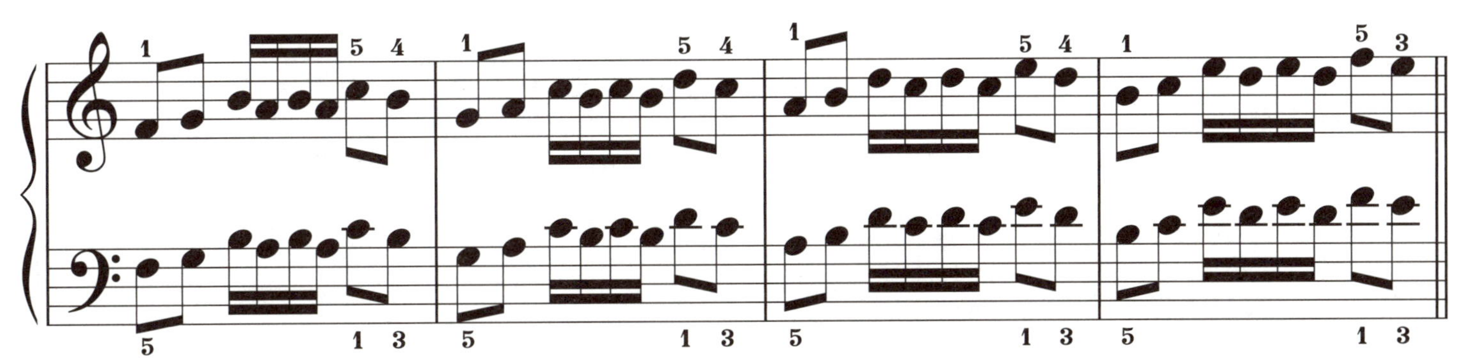

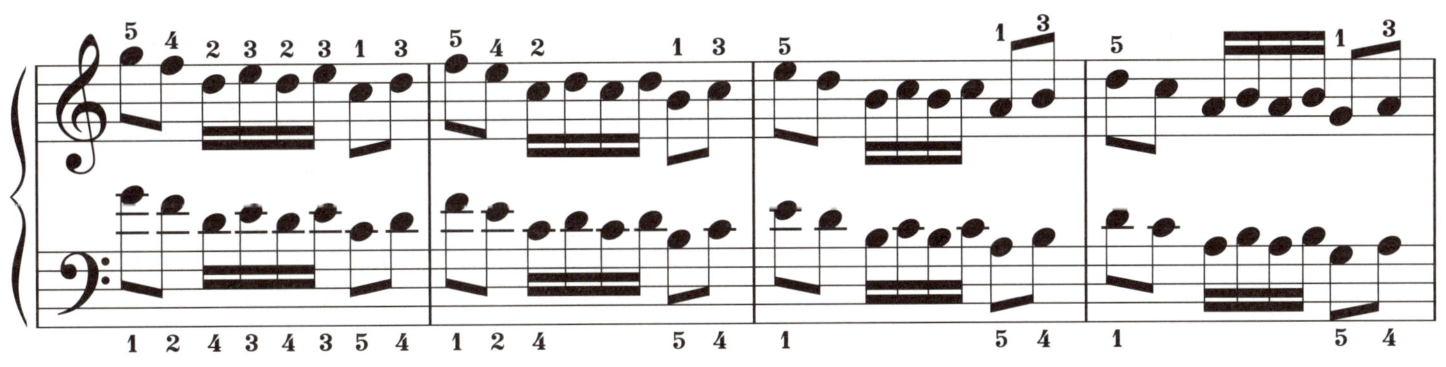

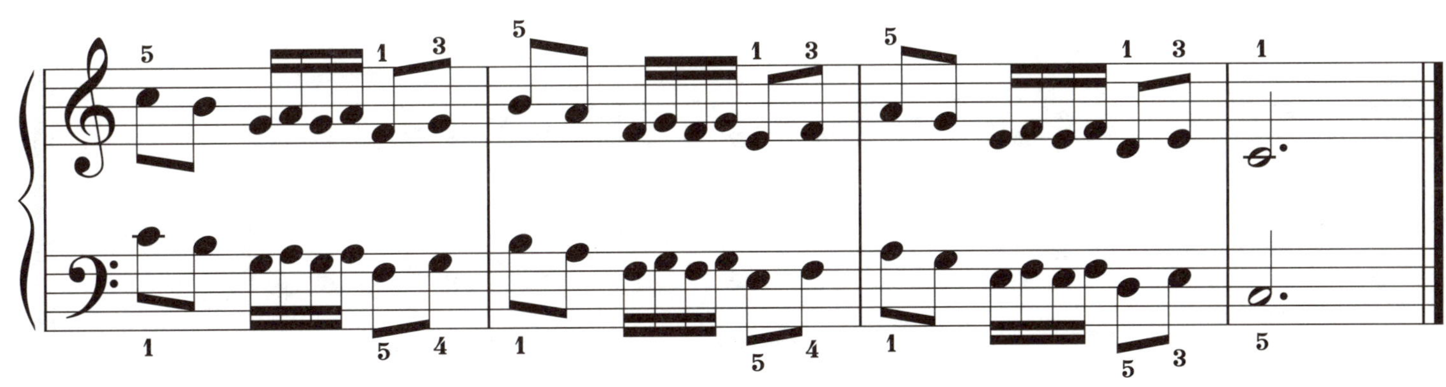

1-2-1번 손가락 이동

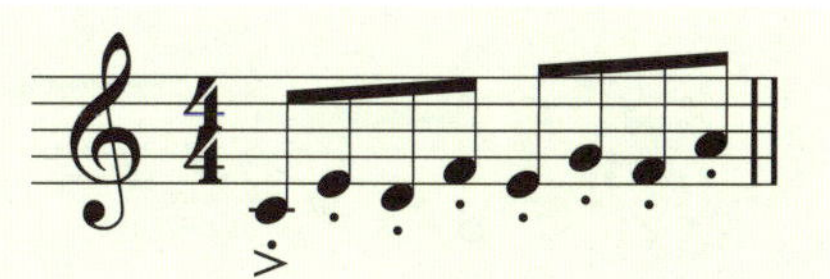

응용연습

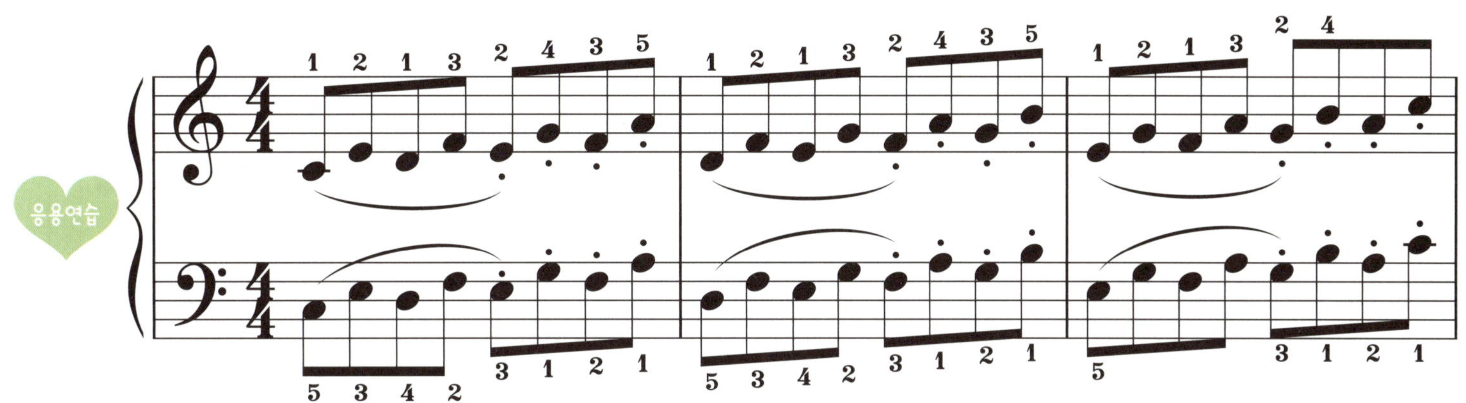
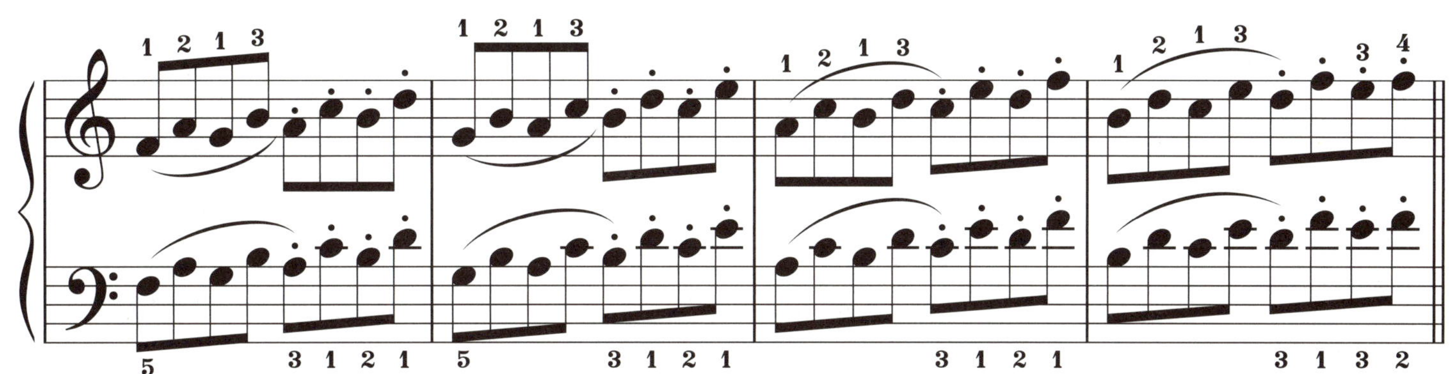
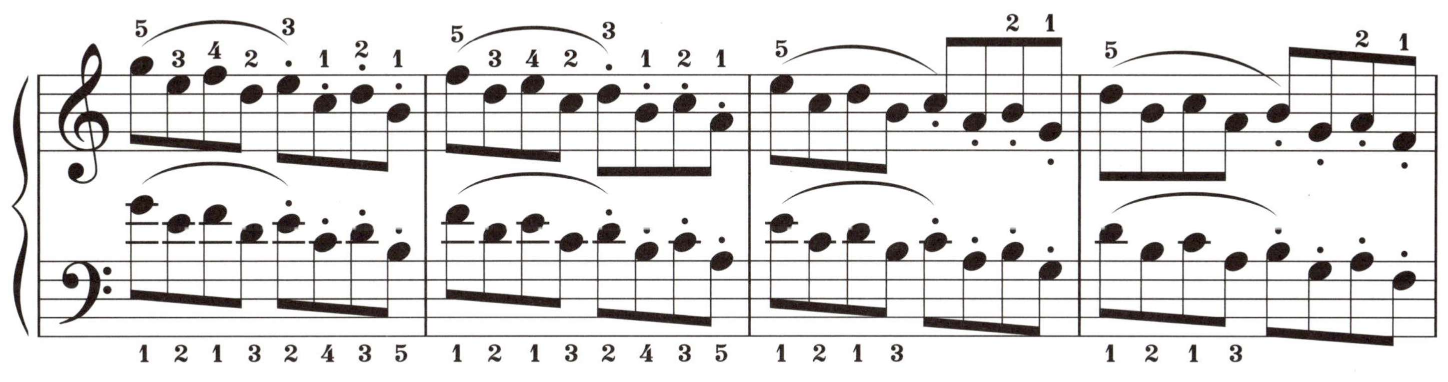
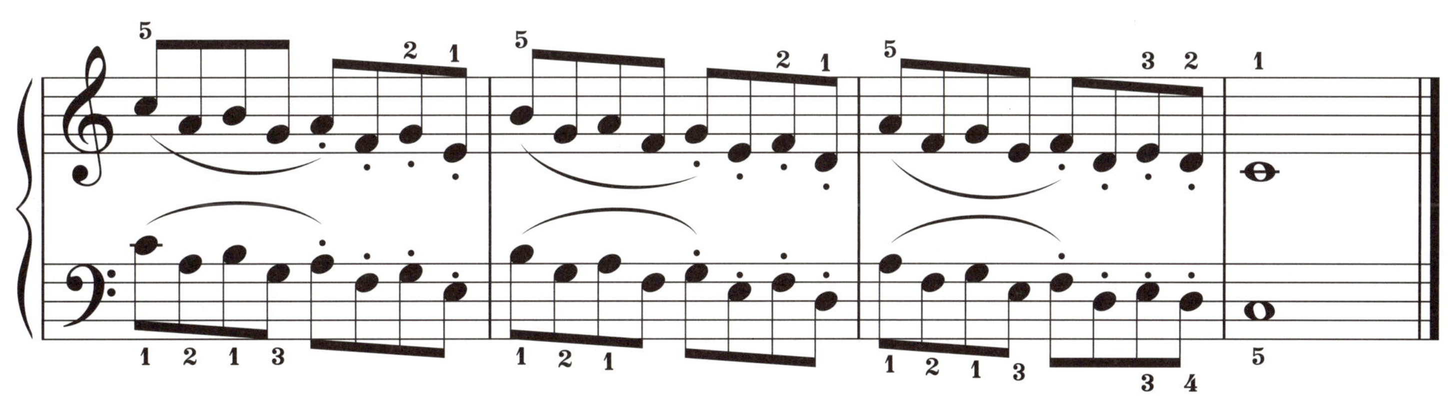

3-5, 3-1번 손가락 벌리기

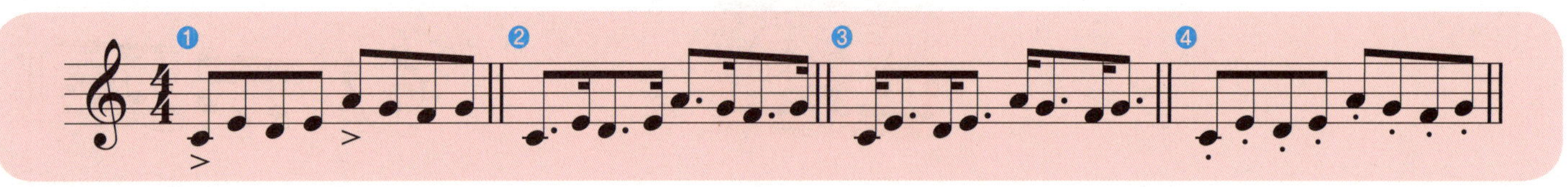

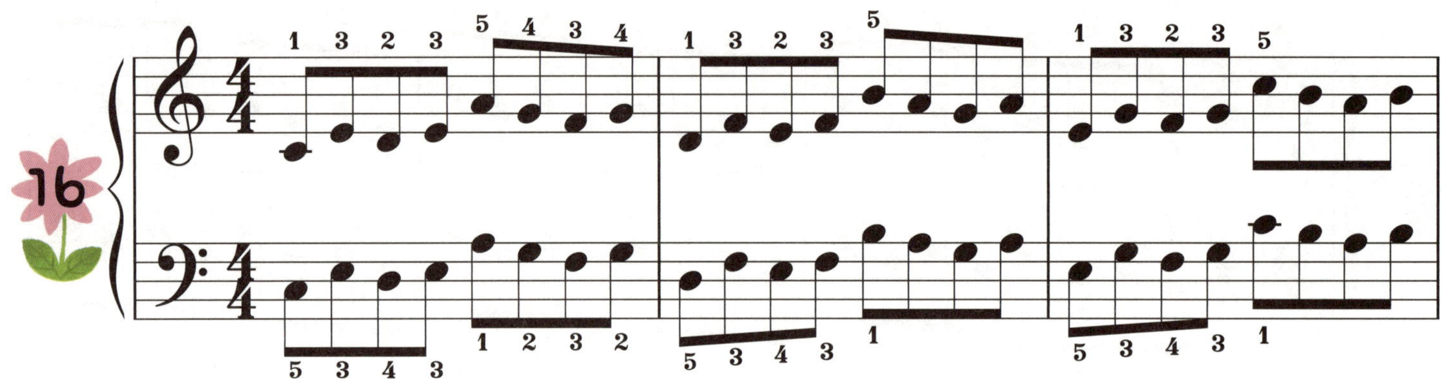

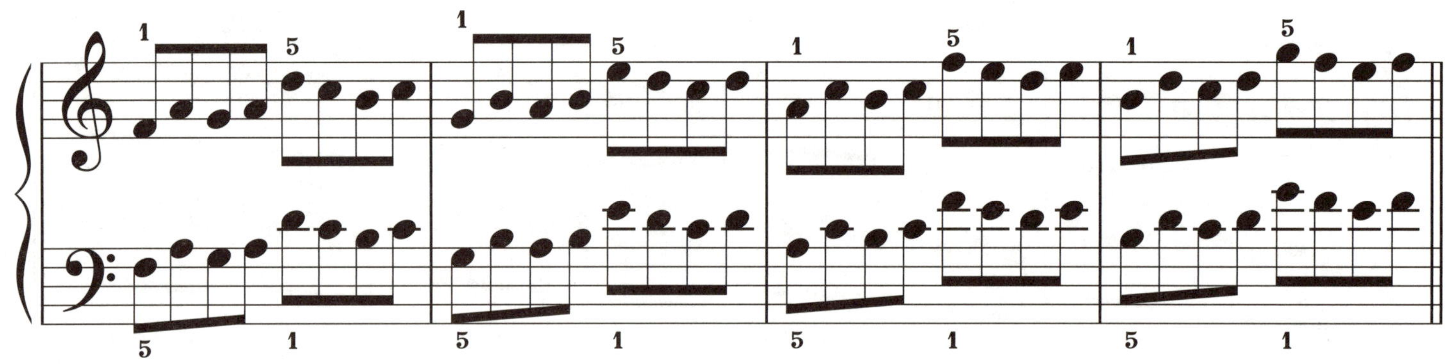

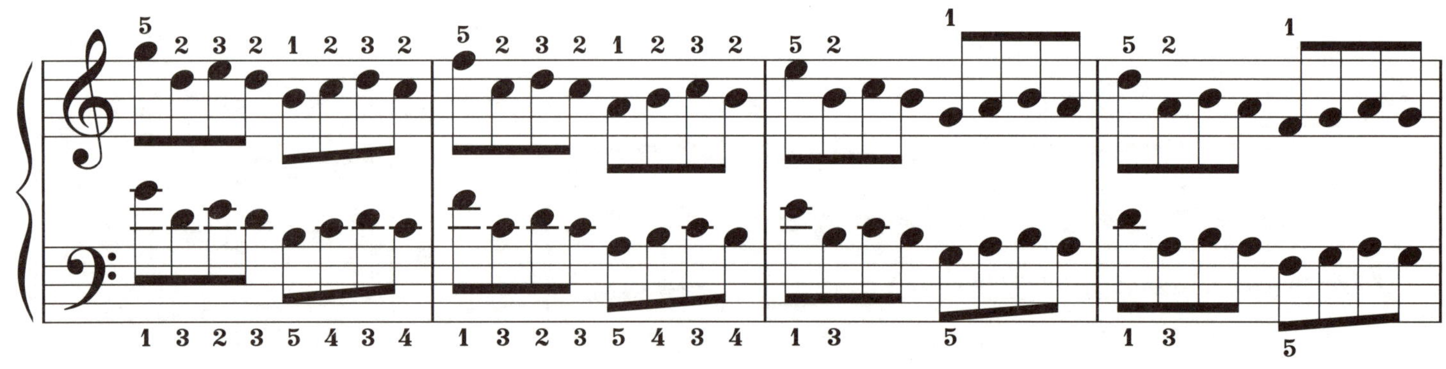

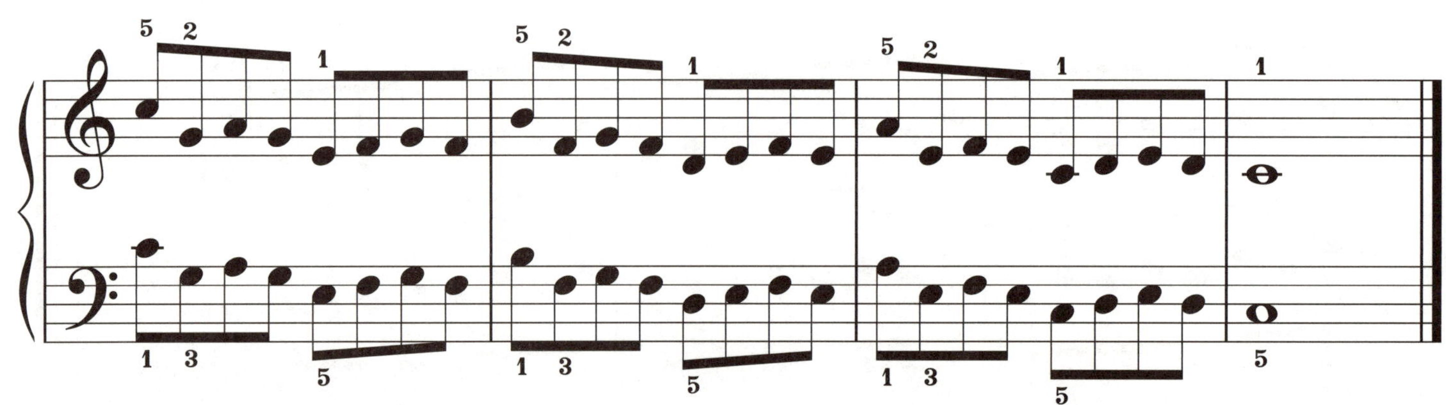

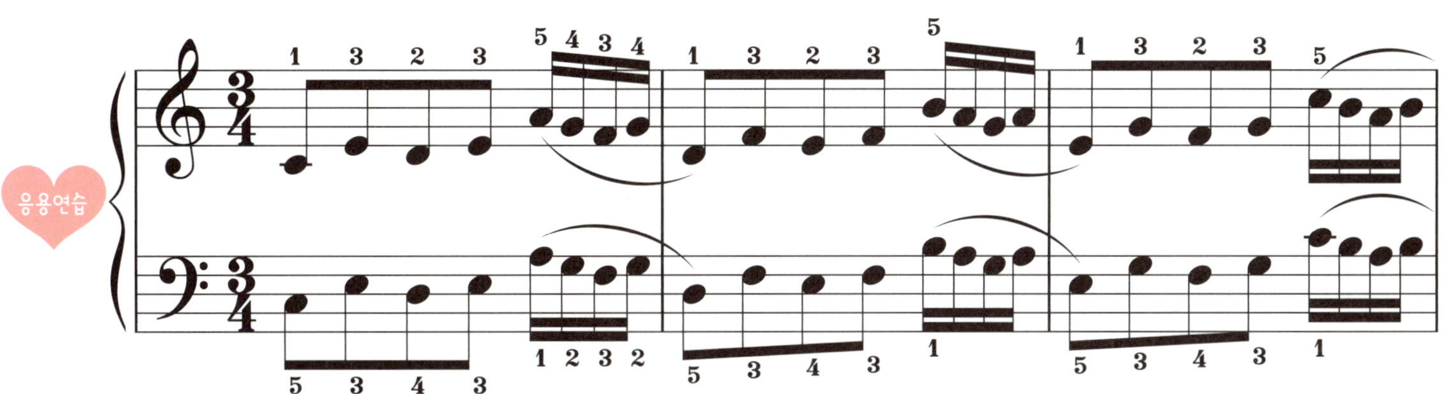
응용연습

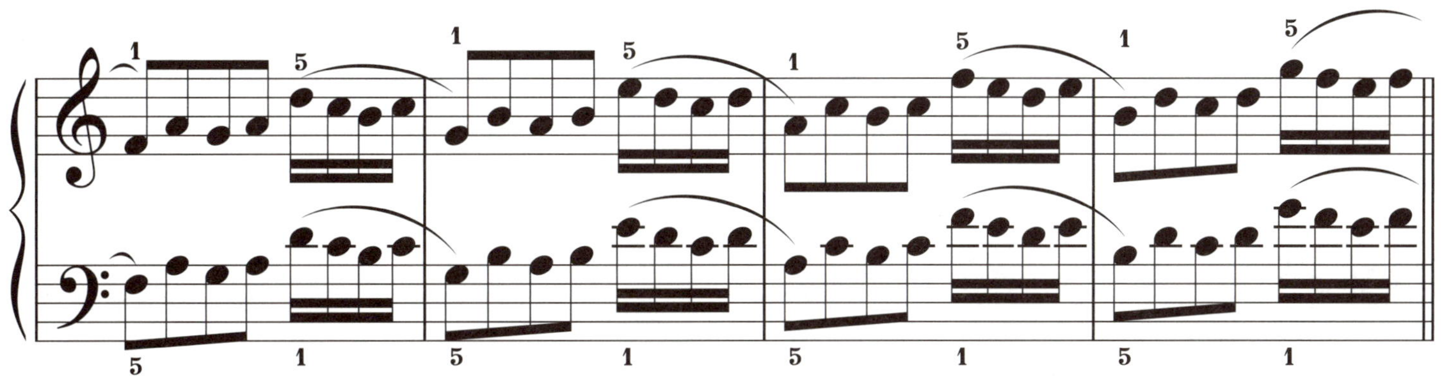

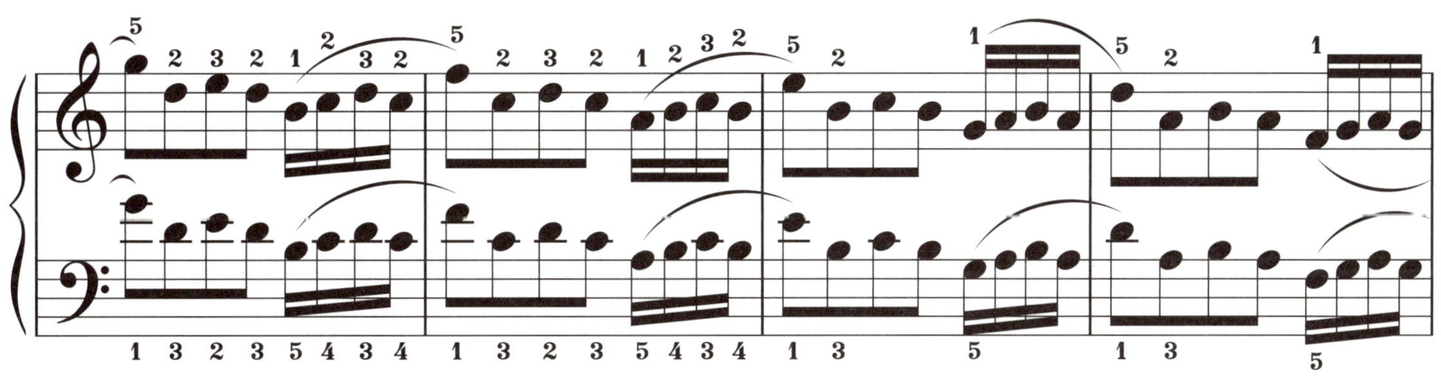

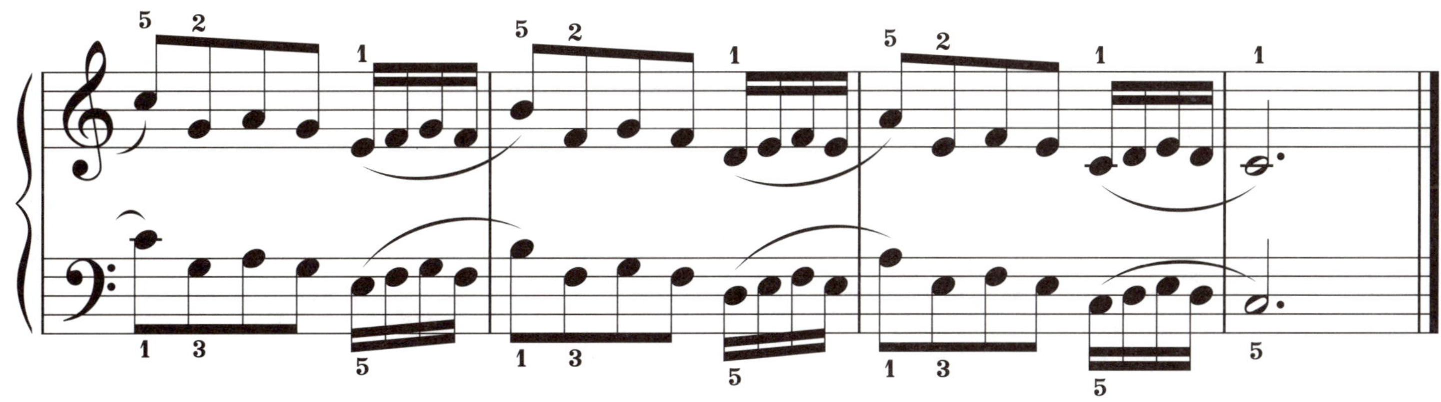

손가락 벌리기와 고른 타건

응용연습

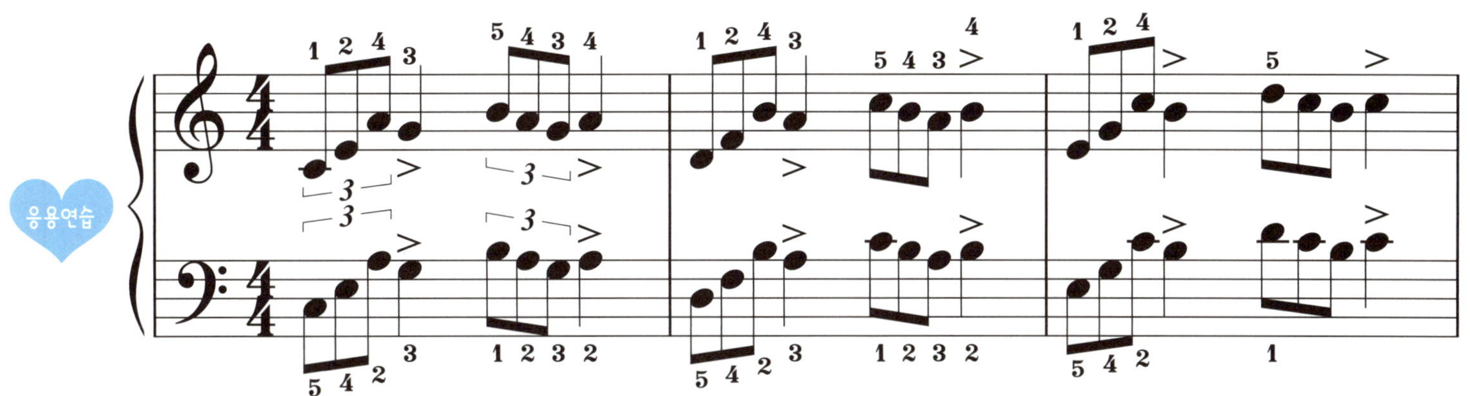

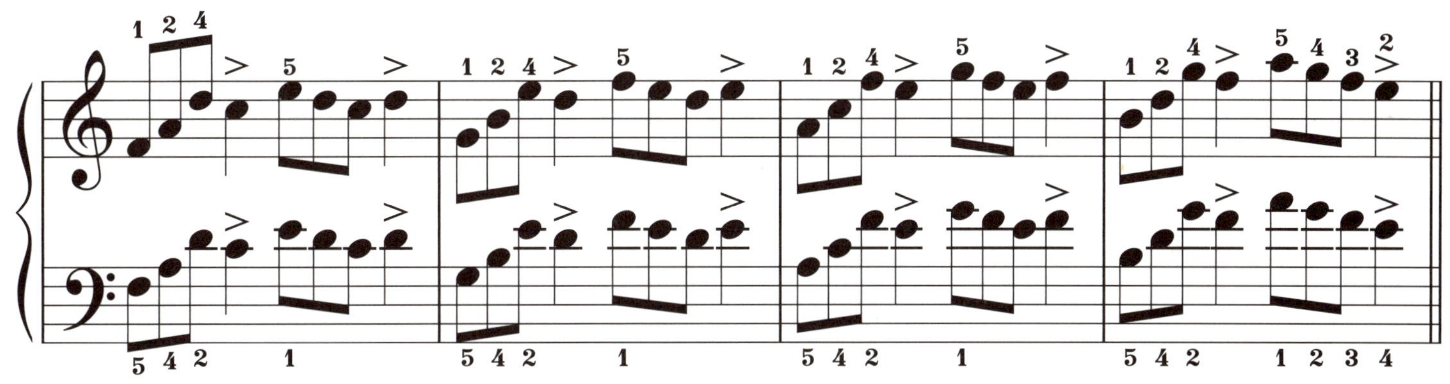

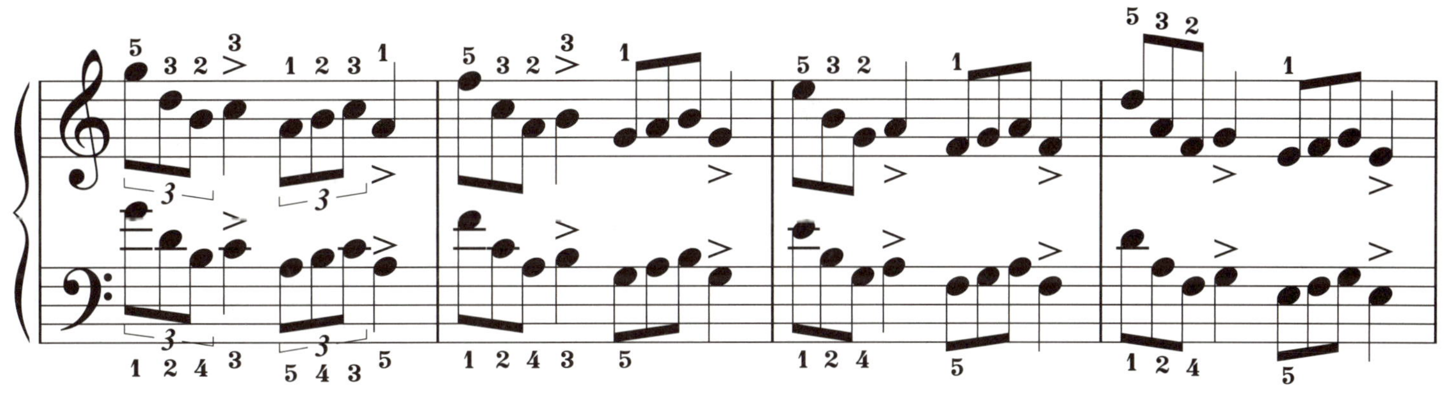

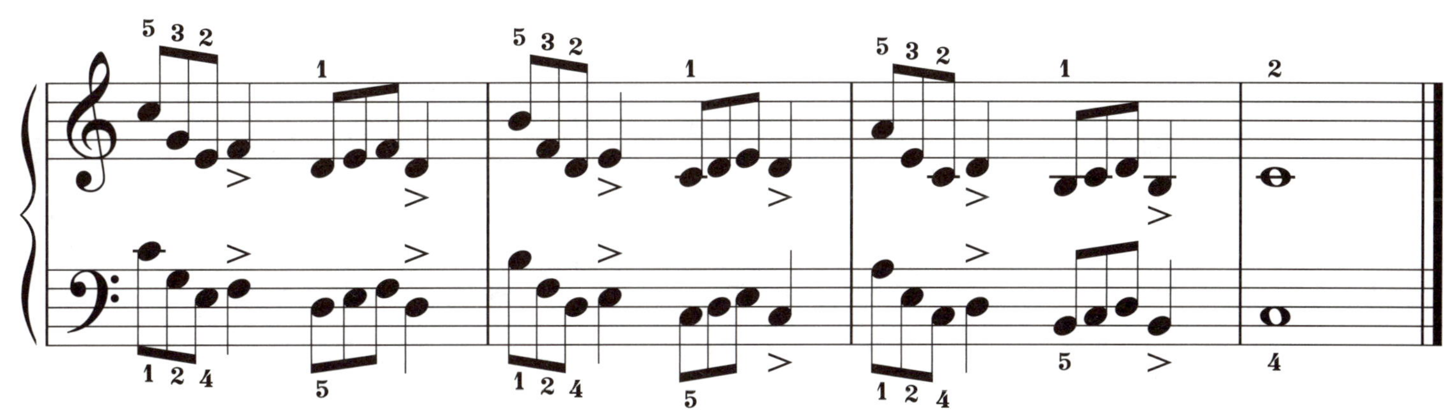

다섯 손가락을 위한 연습

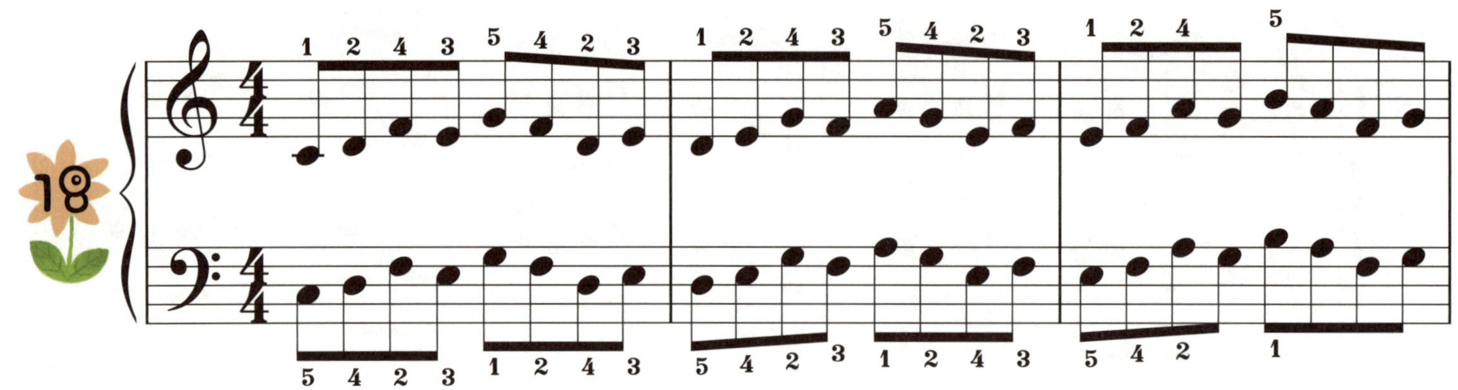

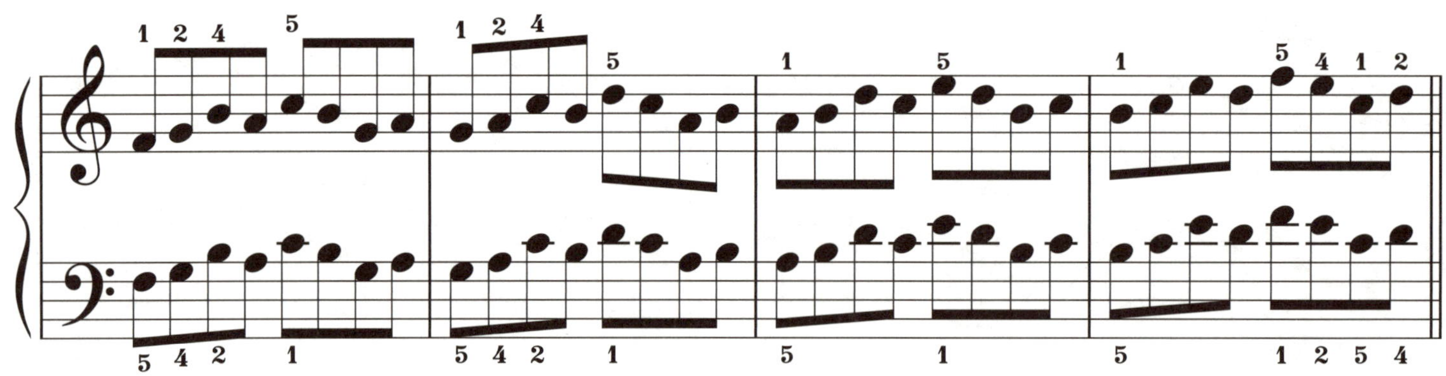

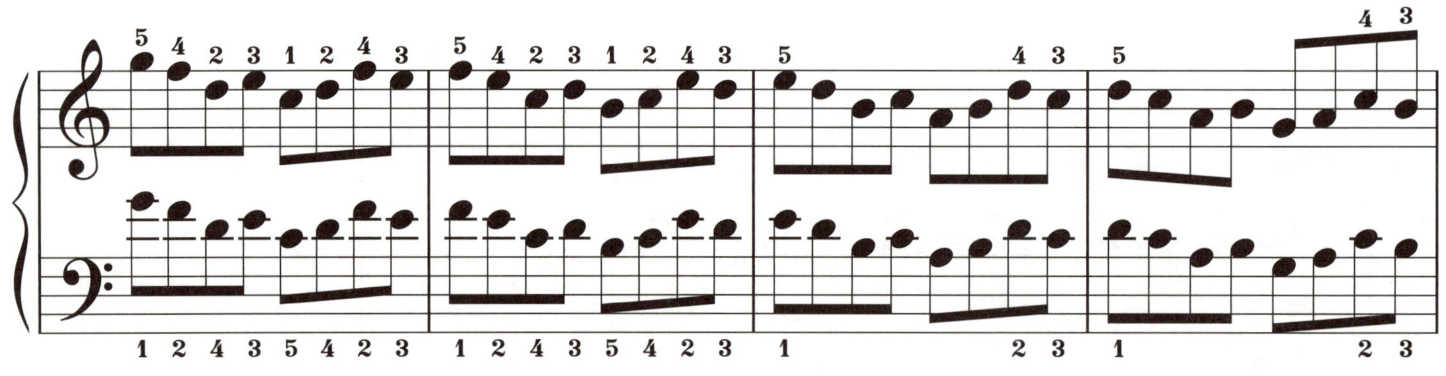

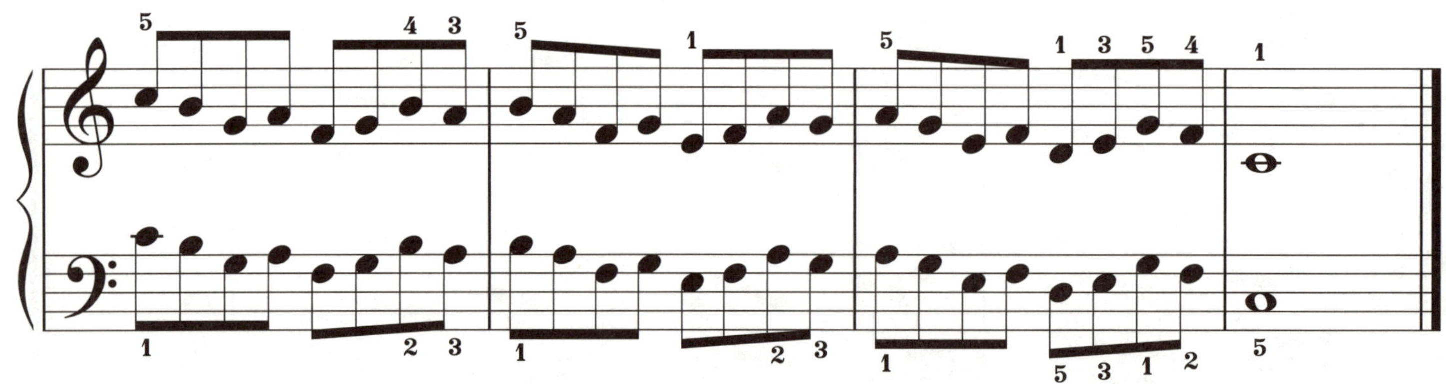

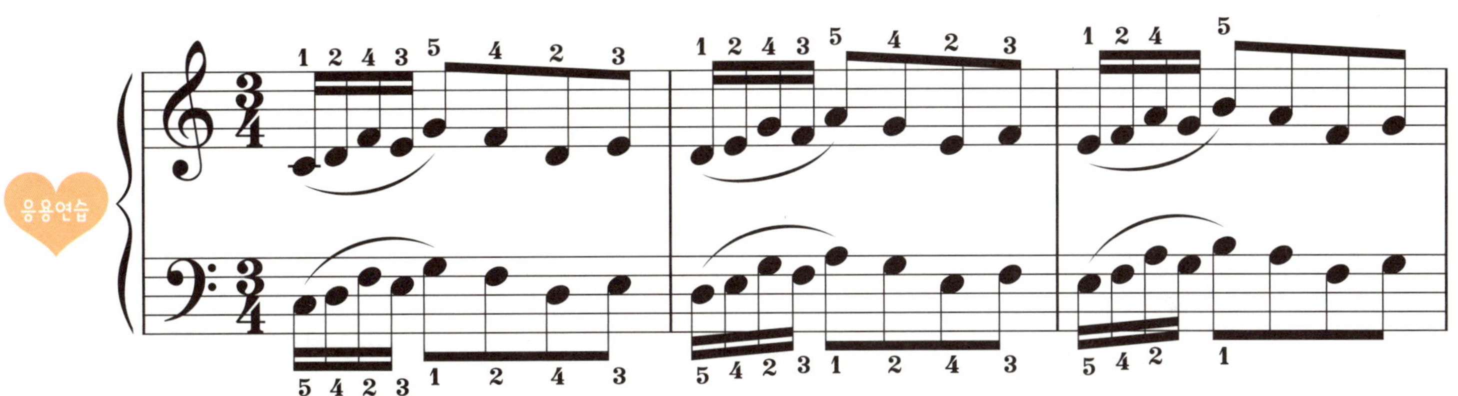
응용연습

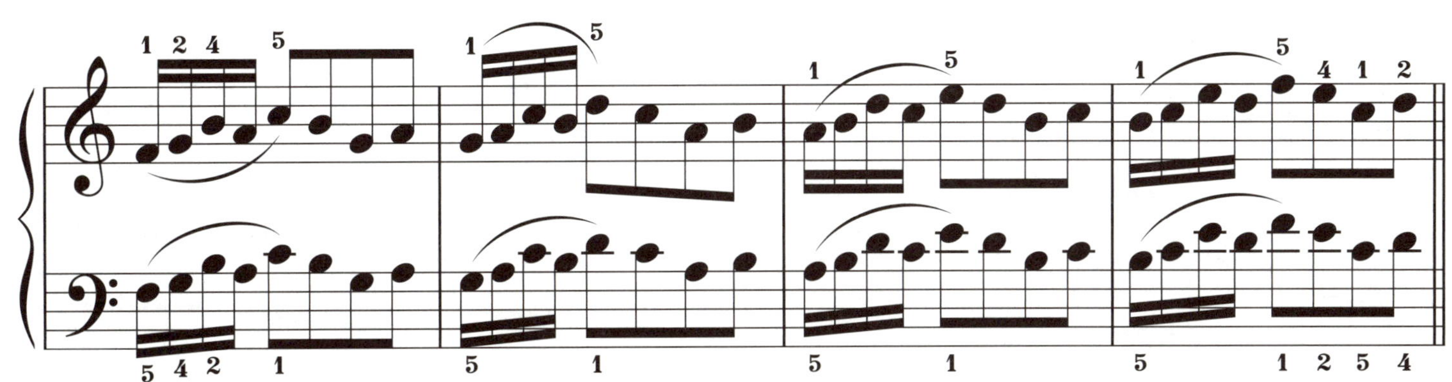

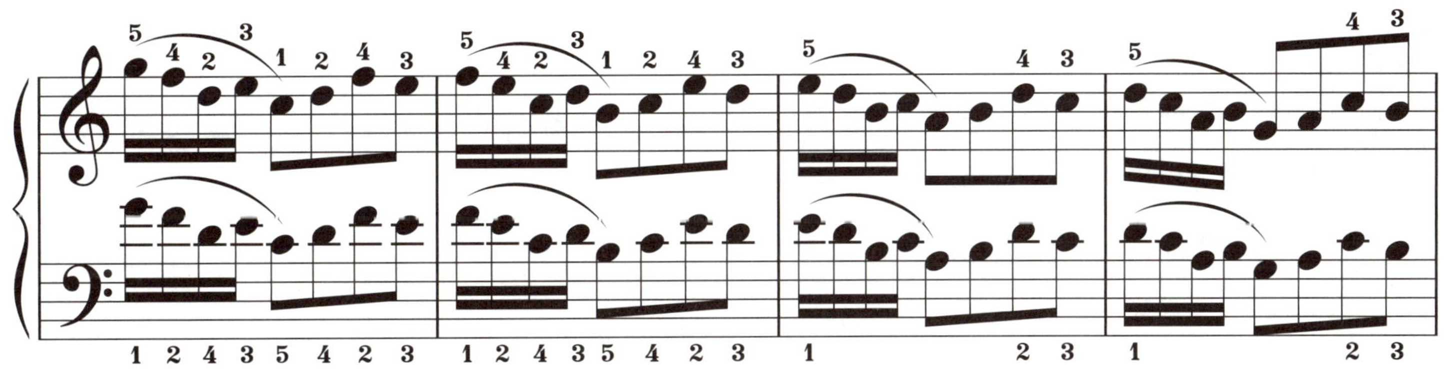

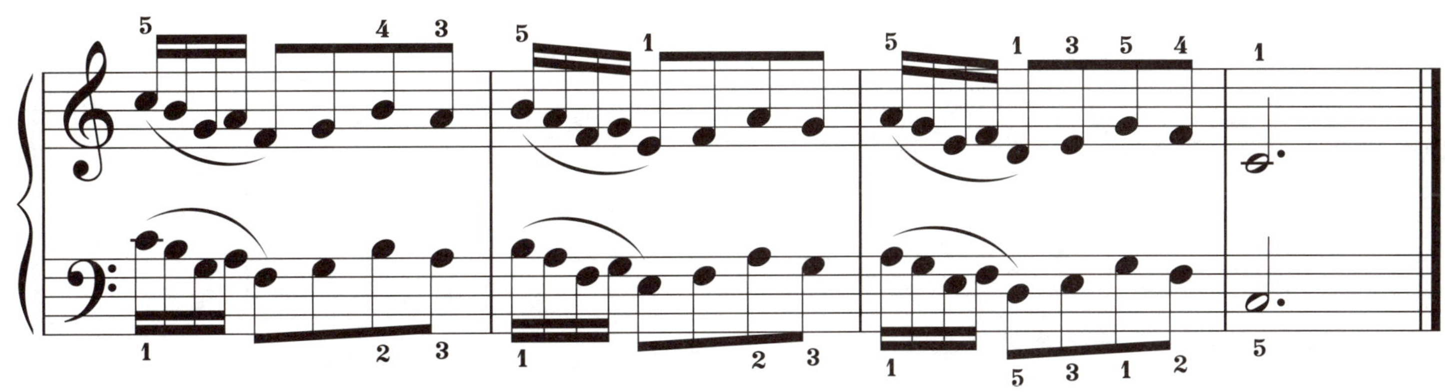

1-5번 손가락 벌리기

응용연습

2-4, 4-5번 손가락 벌리기

44

45

제 **2** 부
음계와 아르페지오 연습

각 조의 장음계와 가락단음계를 연습합니다.

기존의 하농과 달리 두 옥타브 정도의 음계만을 연습하도록하여
조성에 대한 이해를 높일 수 있도록 하였습니다.

양손을 따로 연습한 뒤 나중에 함께 연습하면 더욱 효과적입니다.
아르페지오는 여러가지 반주법에서 많이 활용되므로
충분히 연습해 두면 좋습니다.

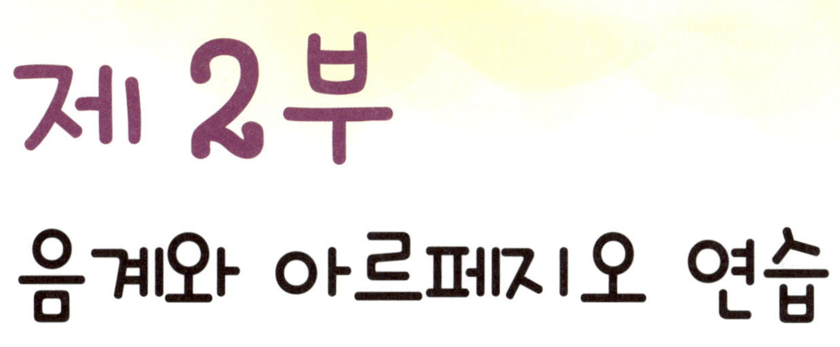

다장조(C Major) 음계

48

가단조(a minor) 가락 단음계

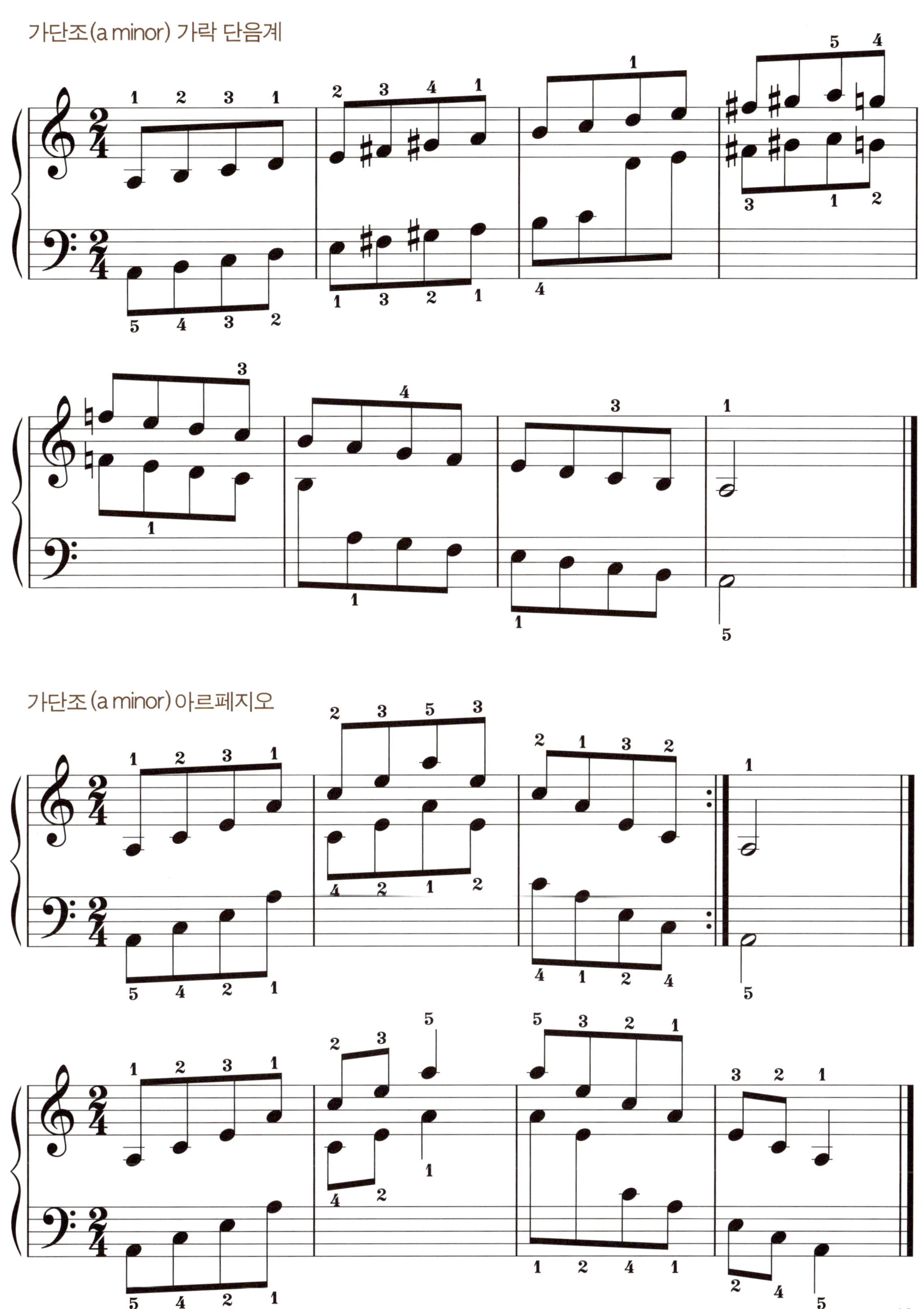

가단조(a minor) 아르페지오

바장조(F Major) 음계

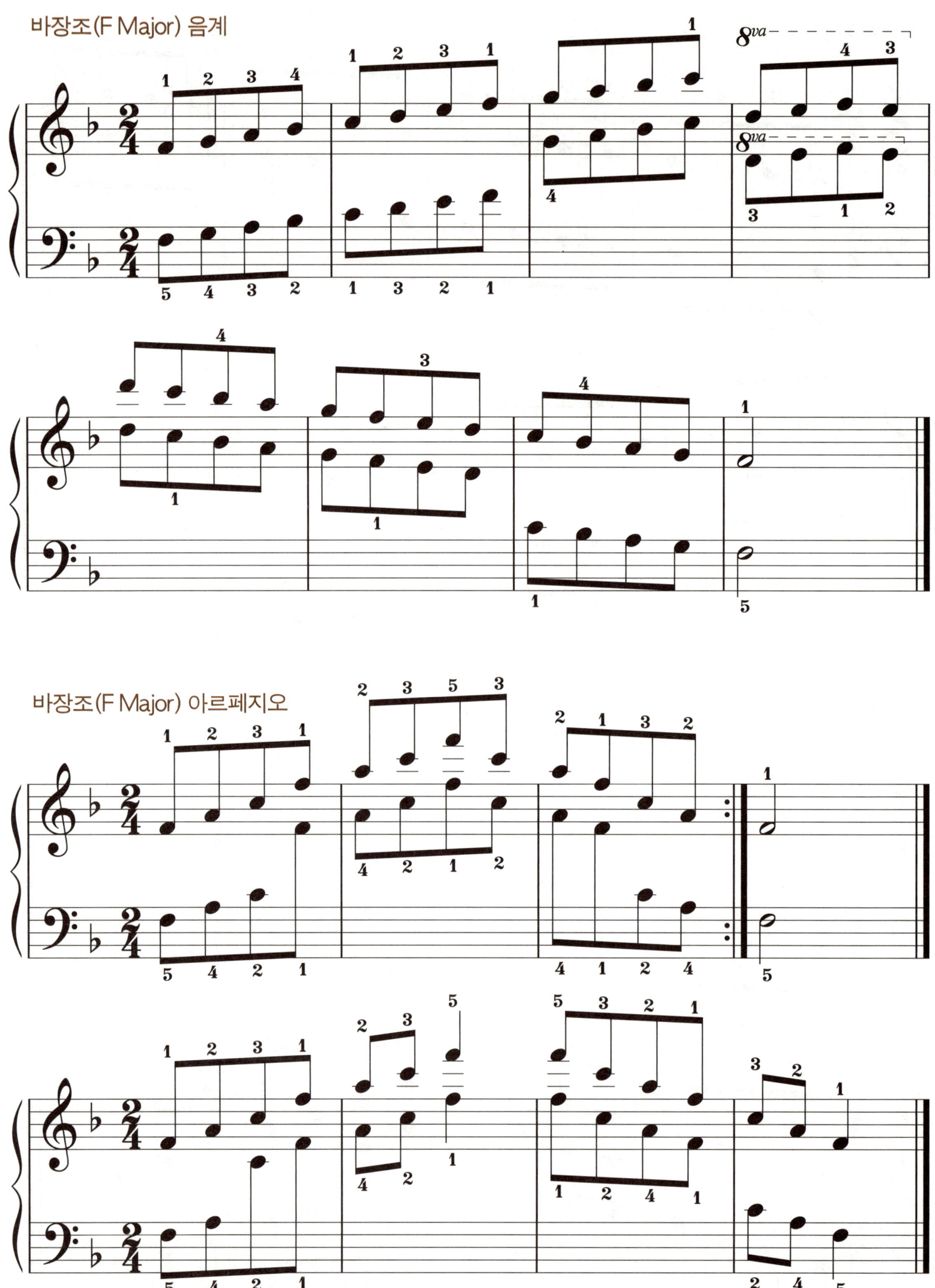

라단조(d minor) 가락 단음계

라단조(d minor) 아르페지오

사장조(G Major) 음계

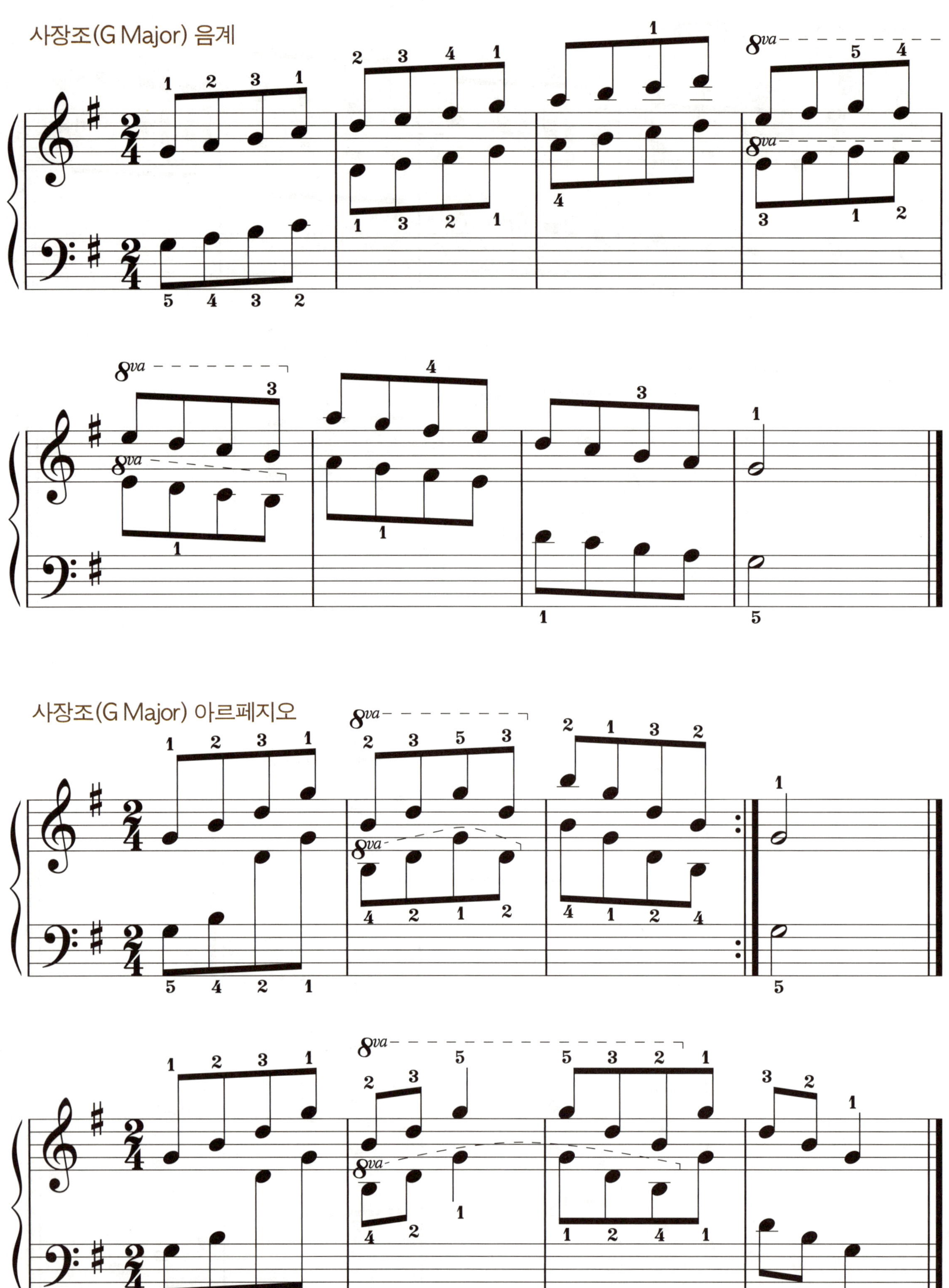

사장조(G Major) 음계
사장조(G Major) 아르페지오

마단조(e minor) 가락 단음계

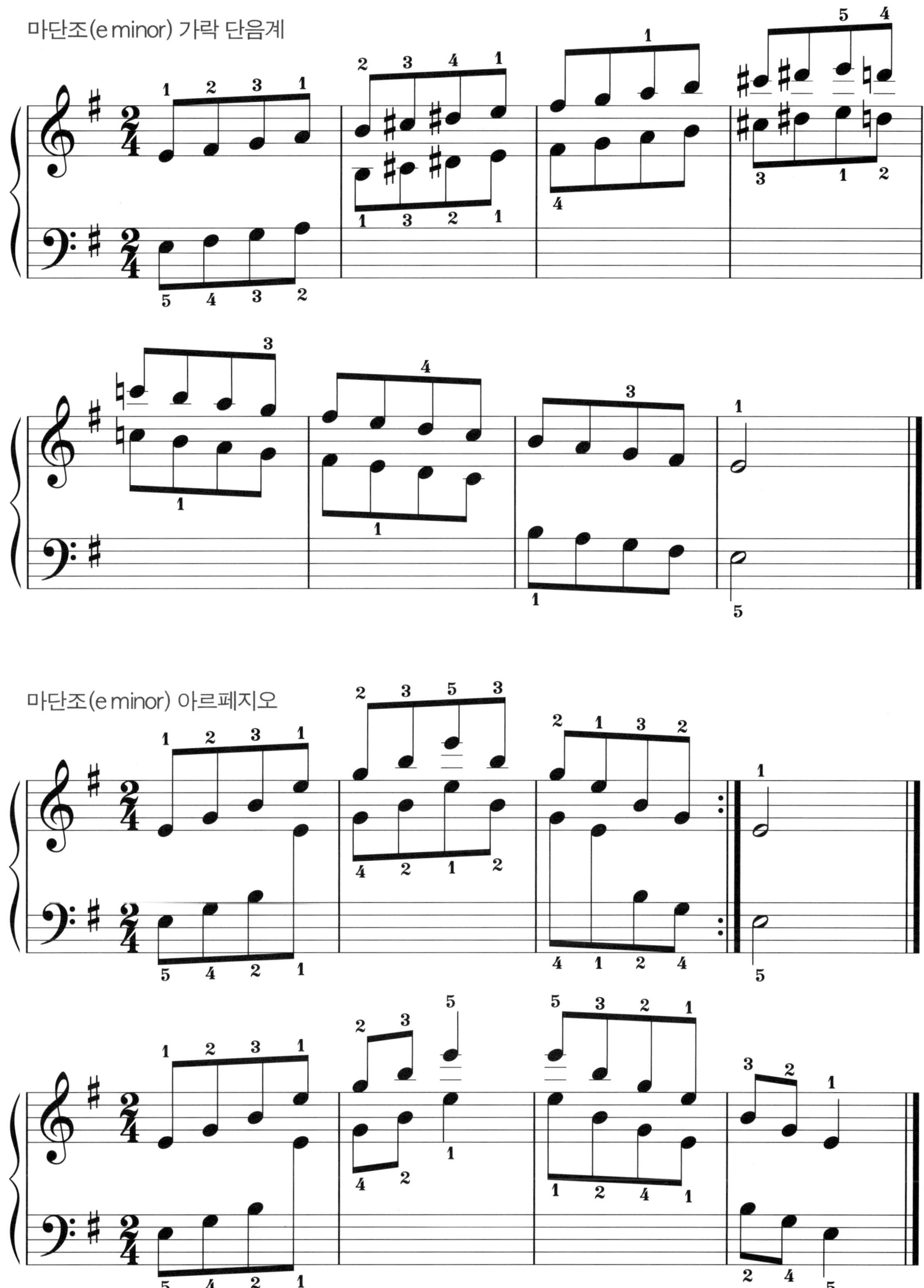

마단조(e minor) 아르페지오

내림나장조(B♭ Major) 음계

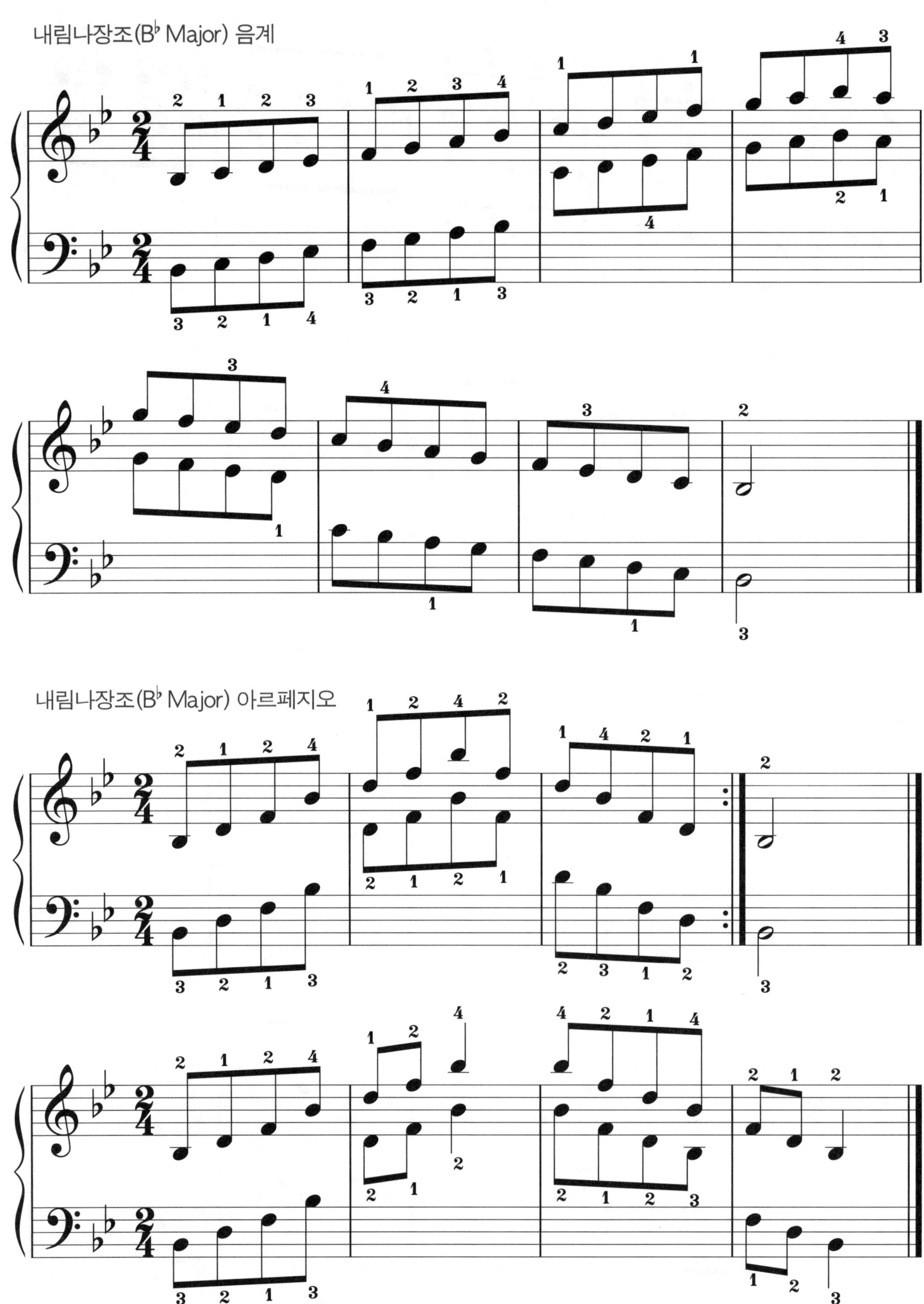

내림나장조(B♭ Major) 아르페지오

사단조(g minor) 가락 단음계
사단조(g minor) 아르페지오

56

나단조(b minor) 가락 단음계

나단조(b minor) 아르페지오

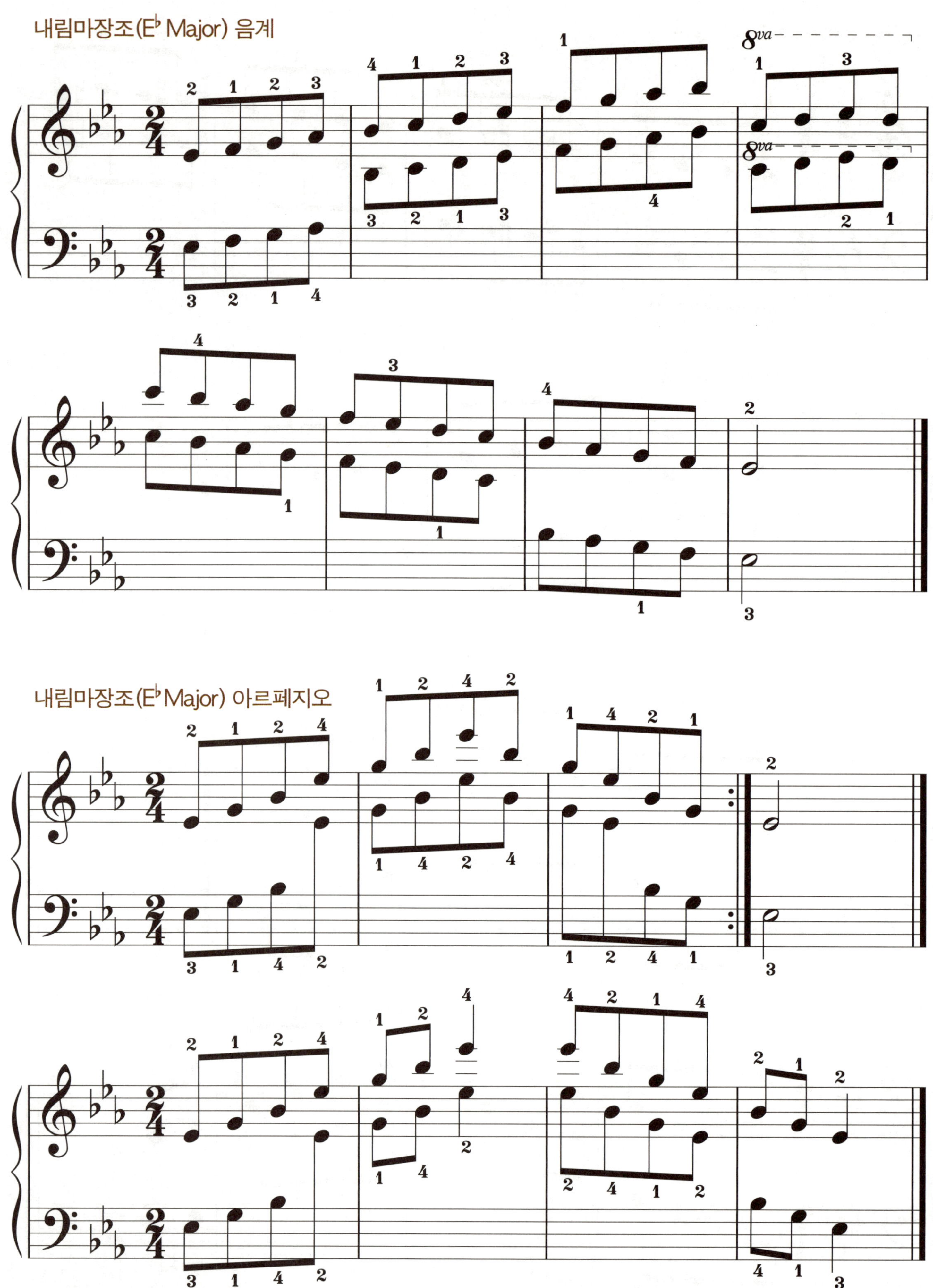
내림마장조(E♭ Major) 음계
내림마장조(E♭ Major) 아르페지오

다단조(c minor) 가락 단음계

다단조(c minor) 아르페지오

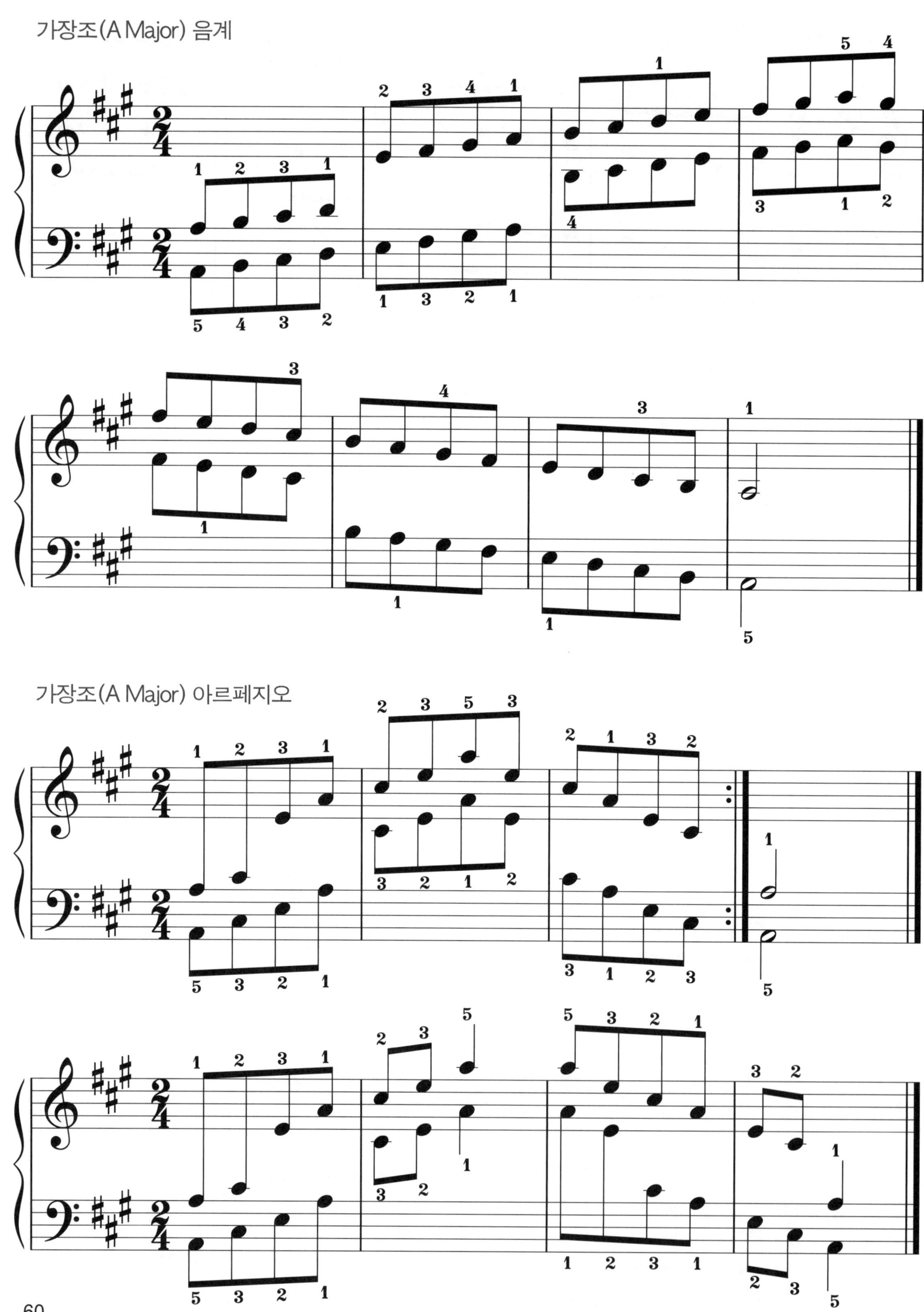

가장조(A Major) 음계
가장조(A Major) 아르페지오
60

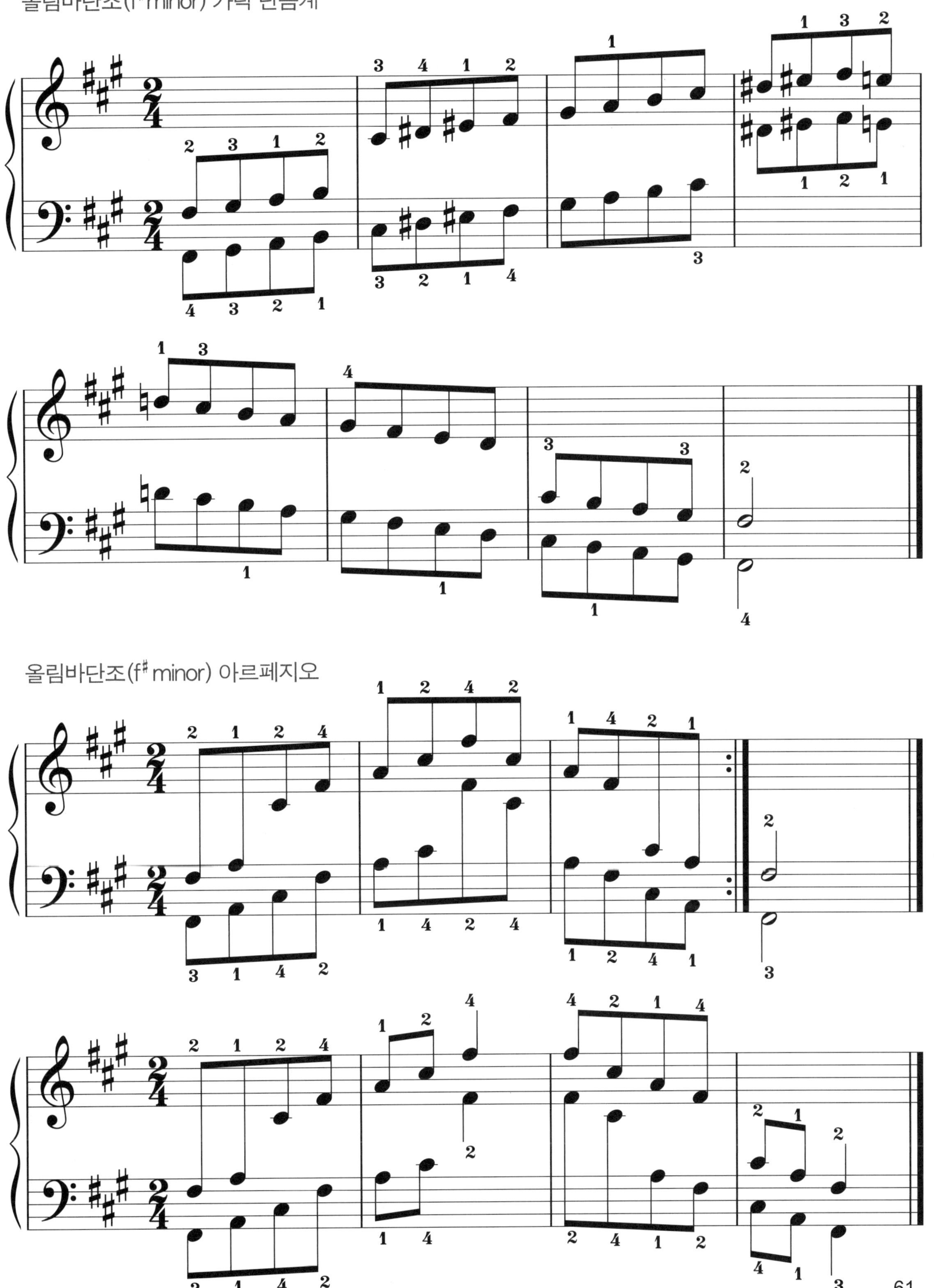

올림바단조(f♯minor) 가락 단음계
올림바단조(f♯minor) 아르페지오
61

내림가장조(A♭ Major) 음계
내림가장조(A♭ Major) 아르페지오

바단조(f minor) 가락 단음계

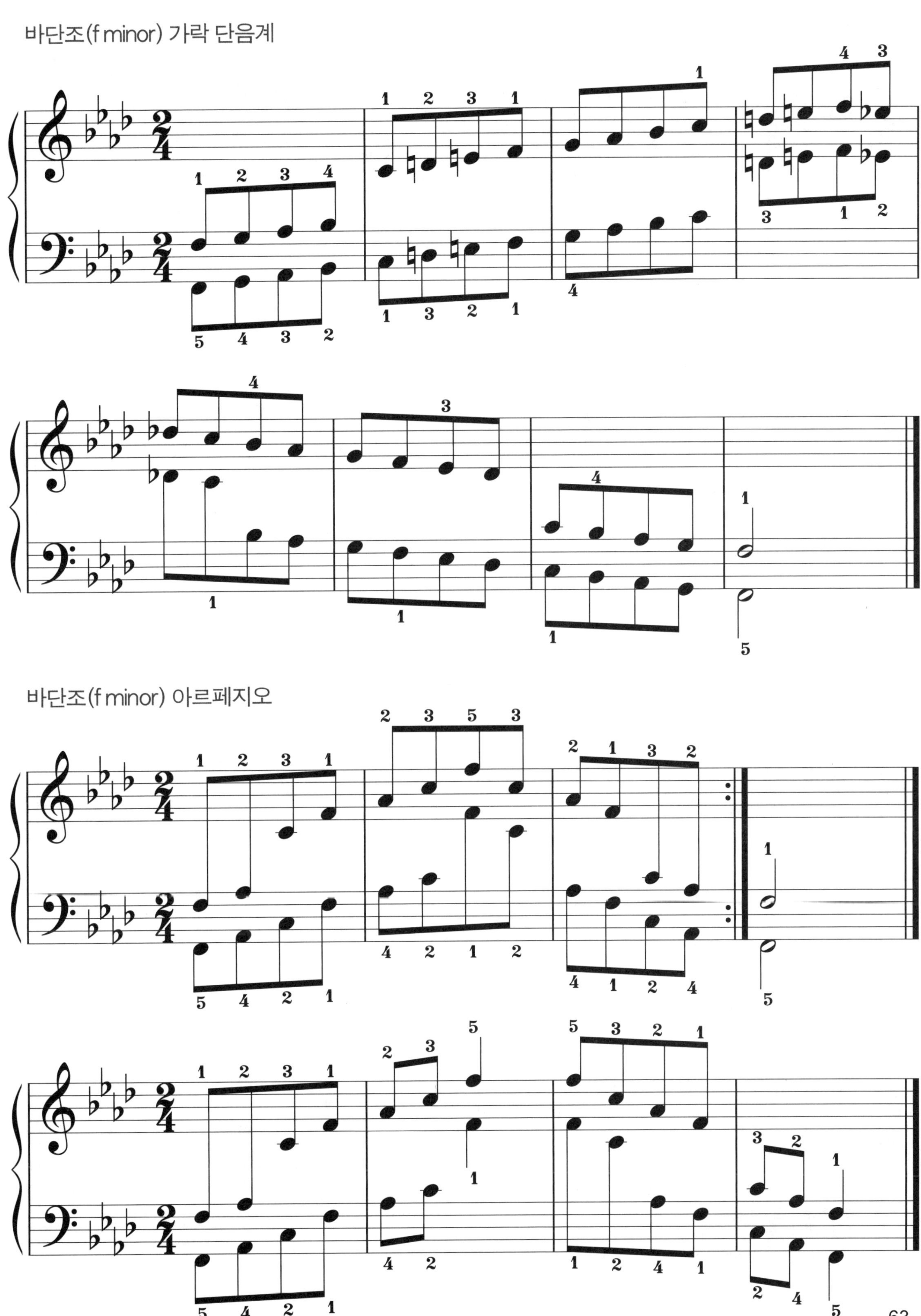

마장조(E Major) 음계

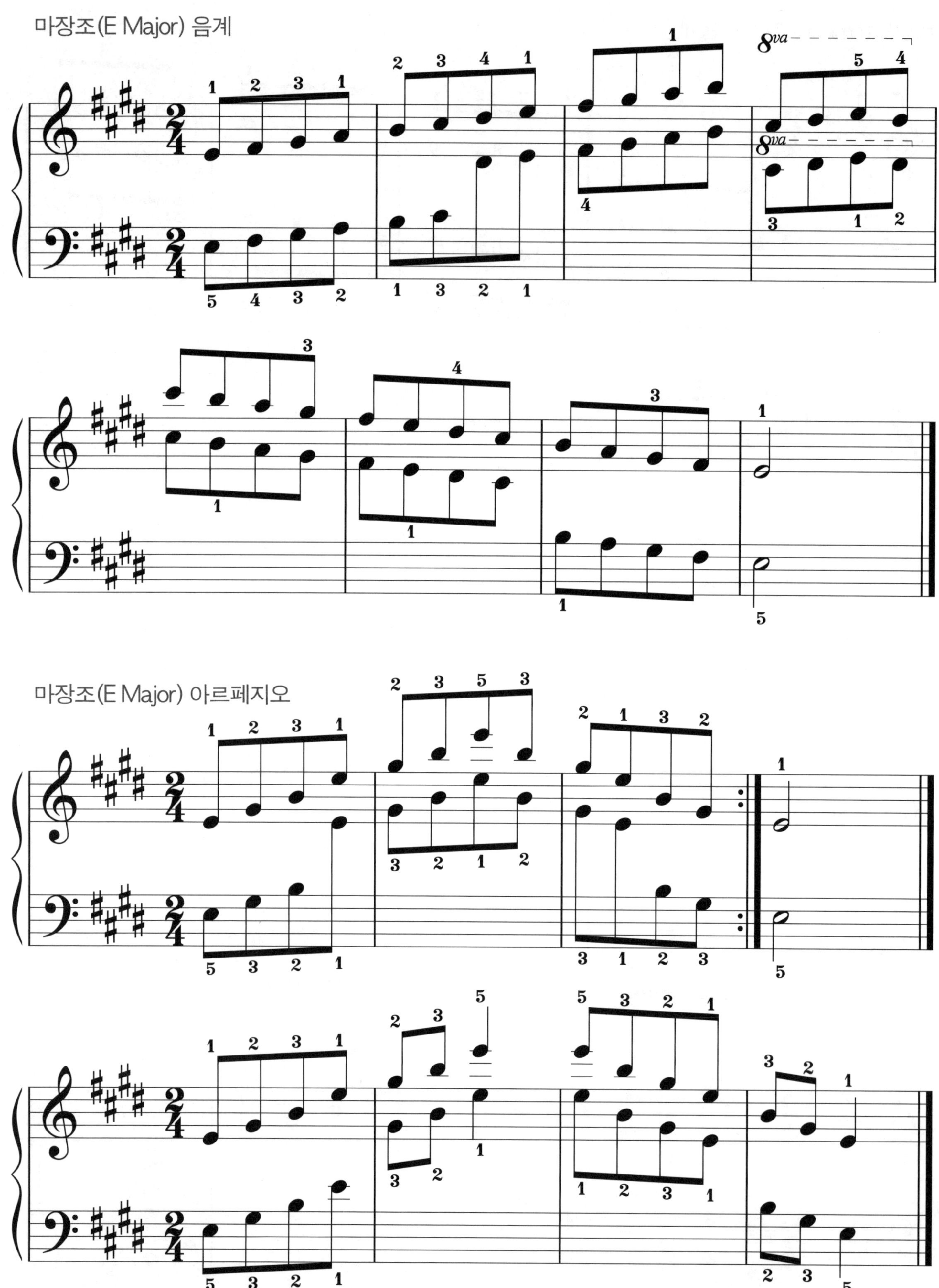

마장조(E Major) 아르페지오

올림다단조(c# minor) 가락 단음계
올림다단조(c# minor) 아르페지오

제 3부

최고의 테크닉을 위한 연습

하농 30번 이후에 있는 곡들 가운데 꼭 배워야 할 중요한 테크닉에
관련된 연습곡들을 뽑아서 쉽게 수록하였습니다.

피아노를 잘 치기 위해서 필히 익혀야 할 테크닉이니 여러 곡들에서
응용할 수 있도록 손에 익숙하게 연습해 두기 바랍니다.

1-2번 손가락 넘기기

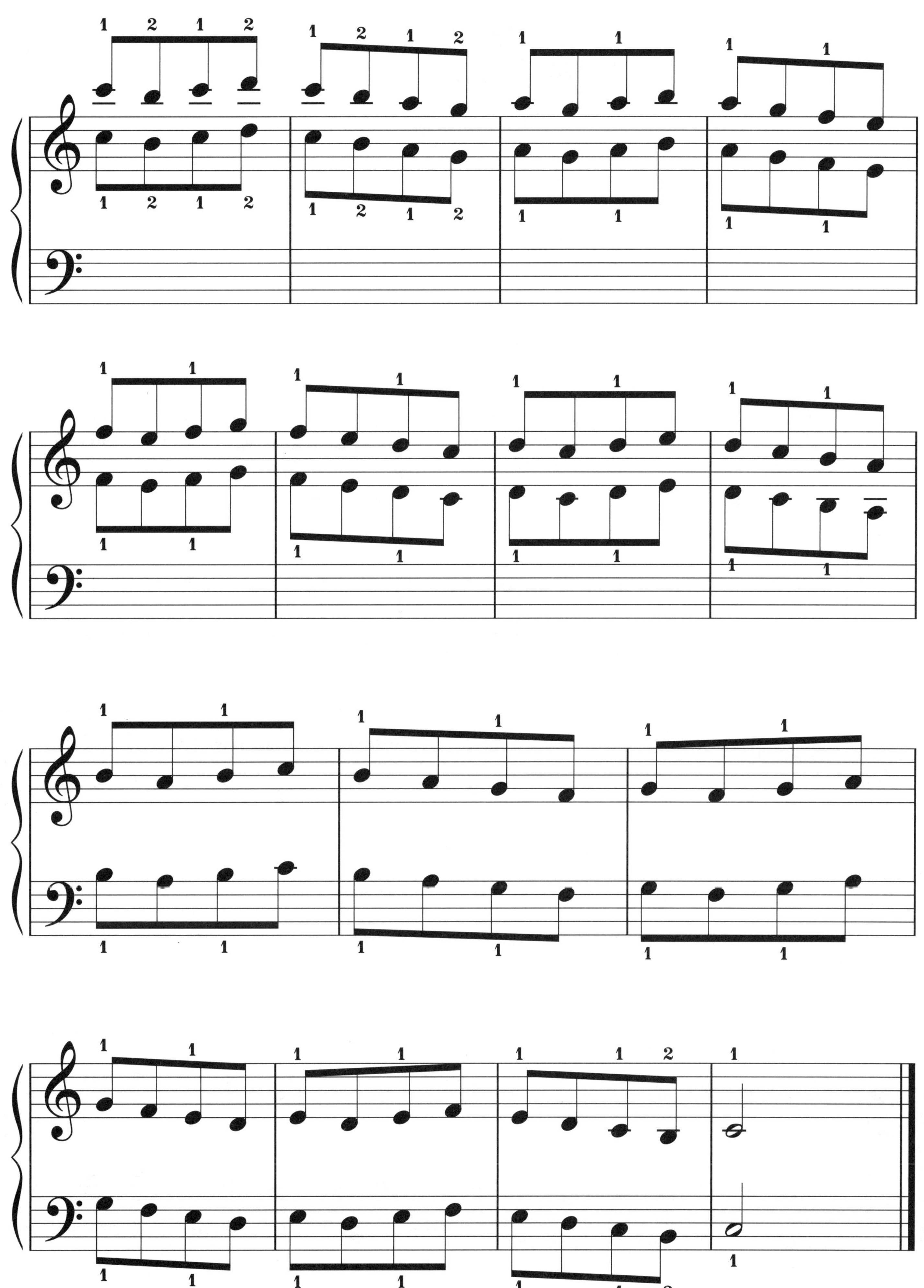

1-3번 손가락 넘기기

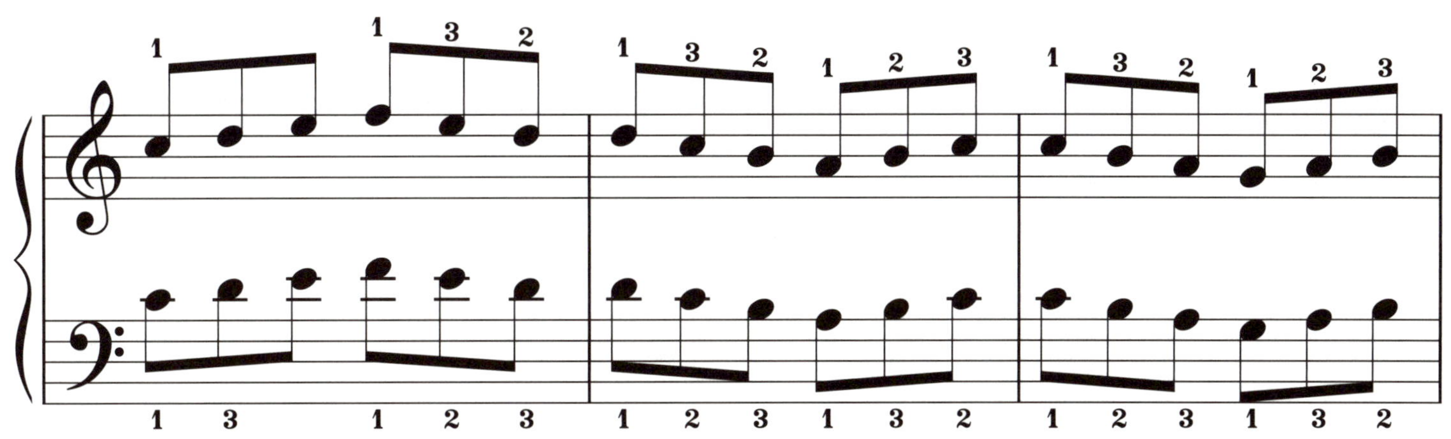

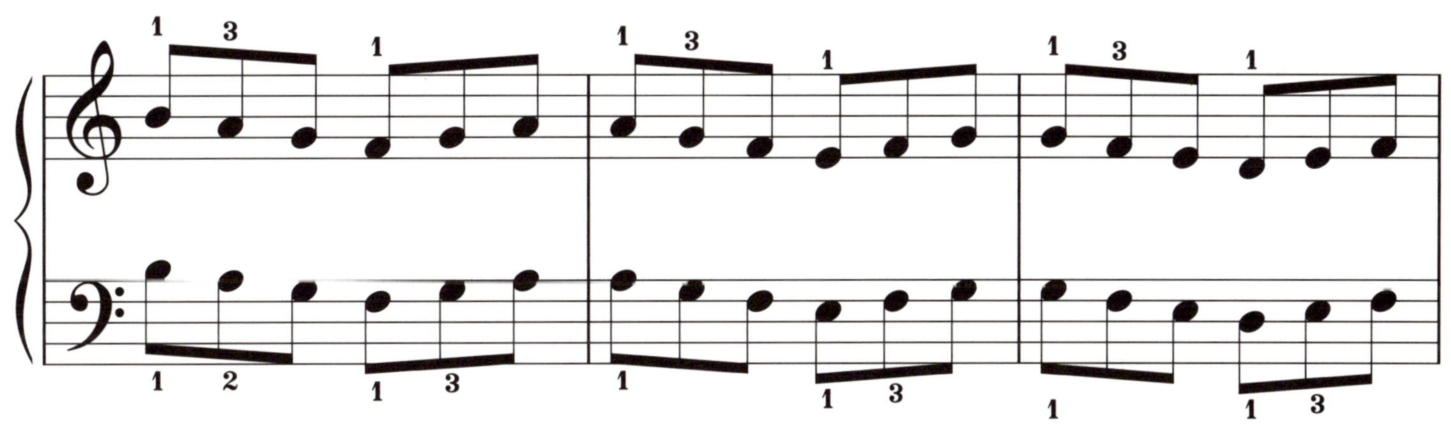

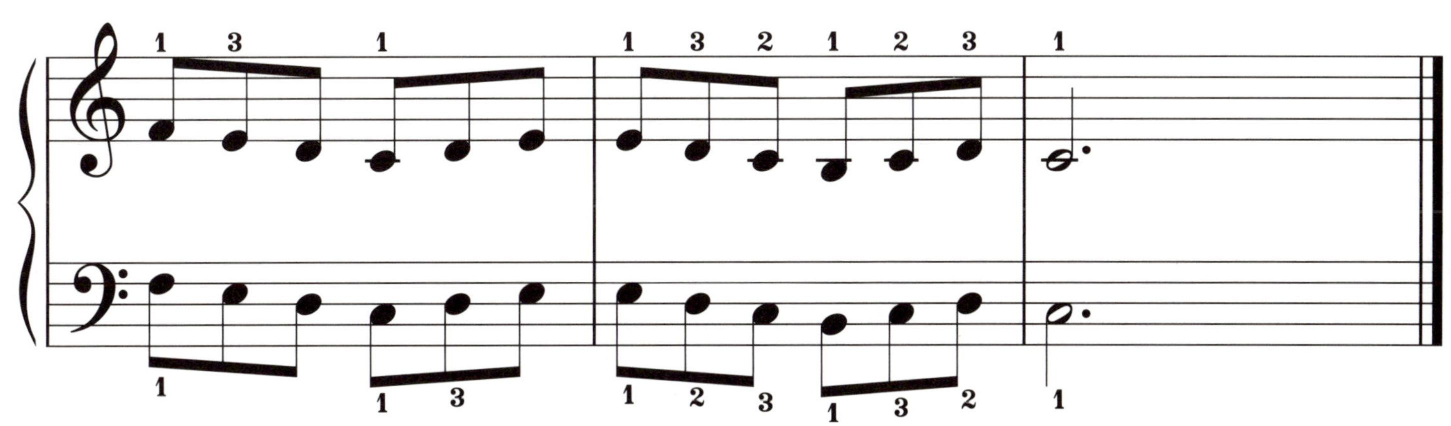

1-4번 손가락 넘기기

트릴 연습

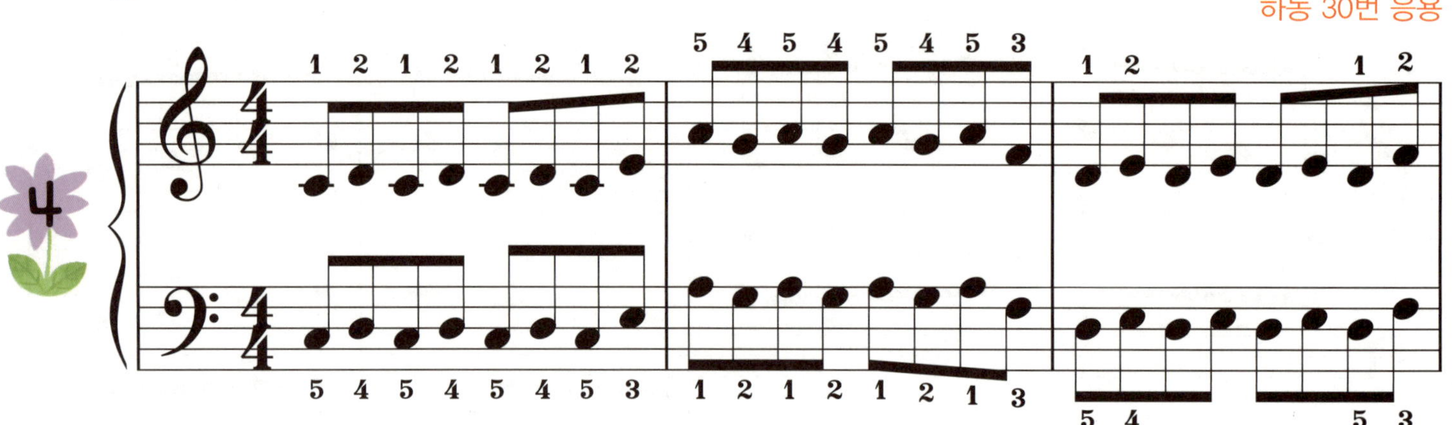

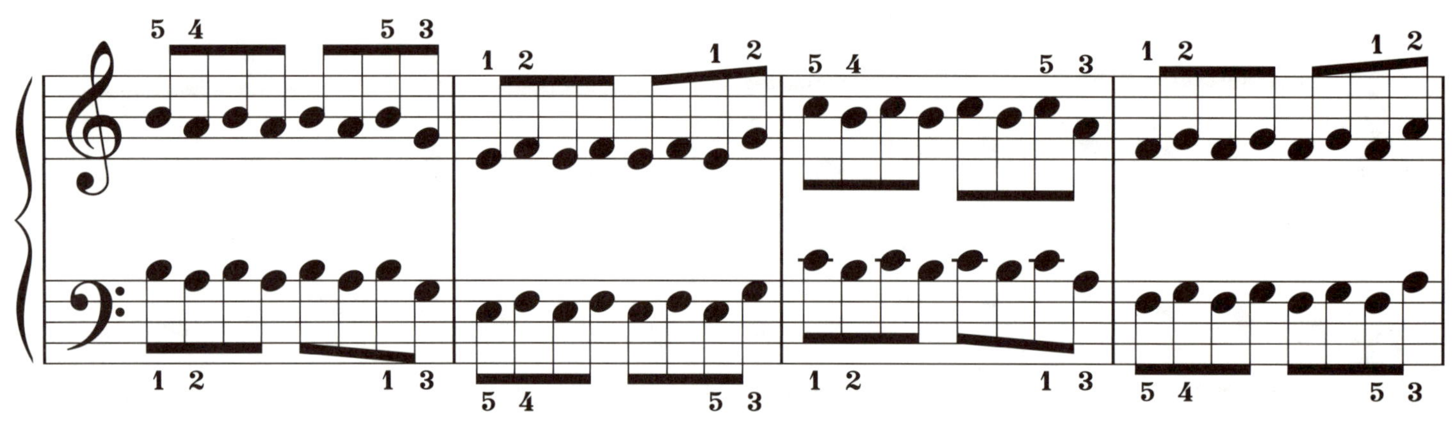

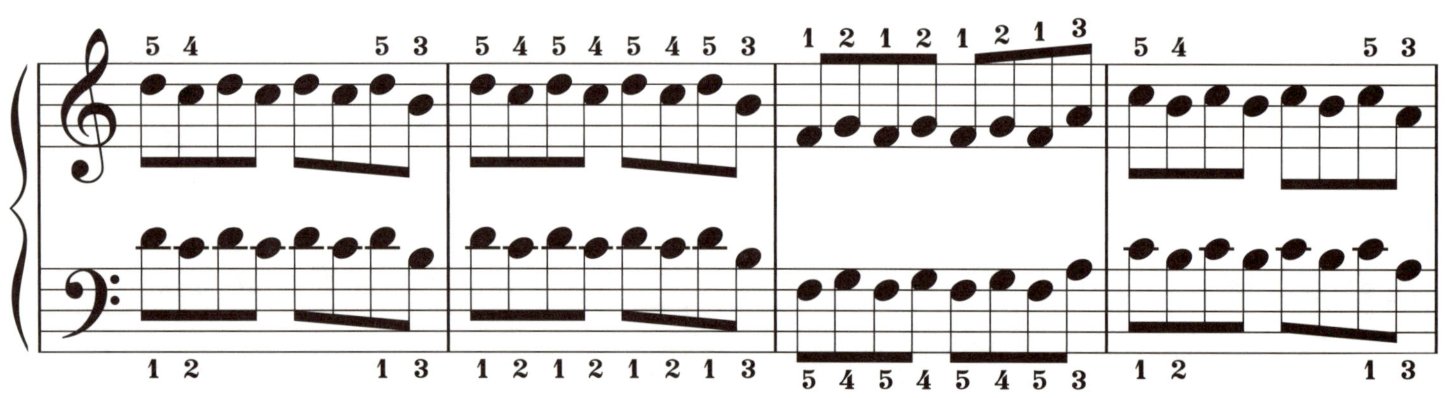

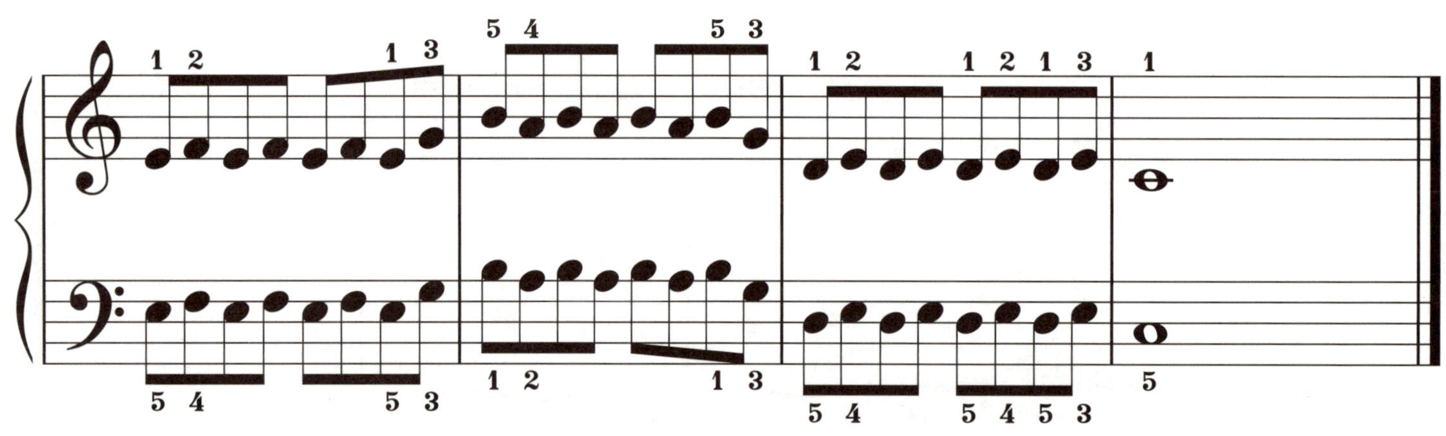

같은음 손가락 바꾸기(3-2-1)

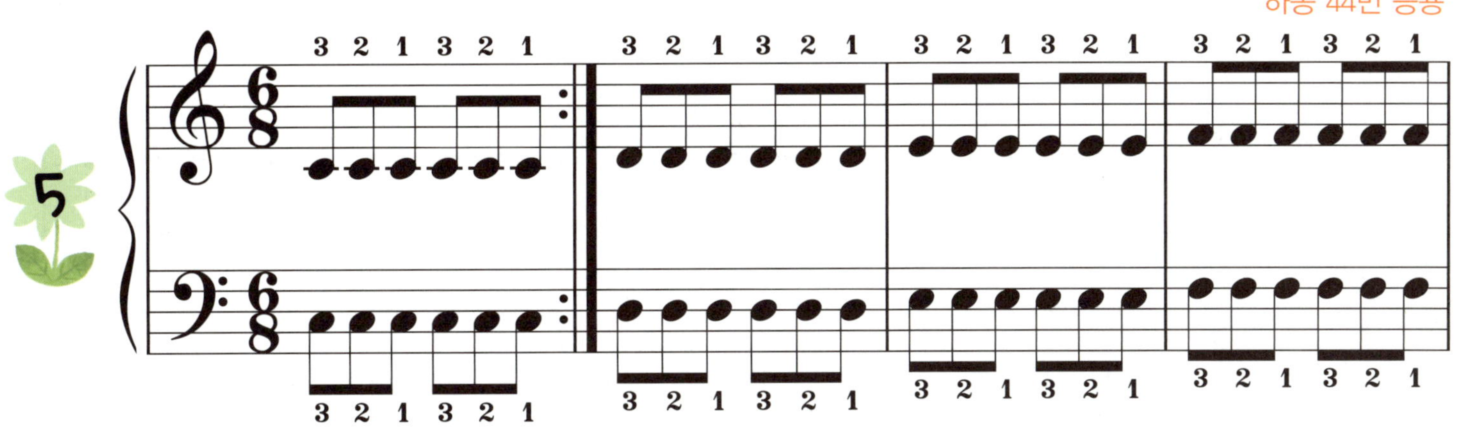

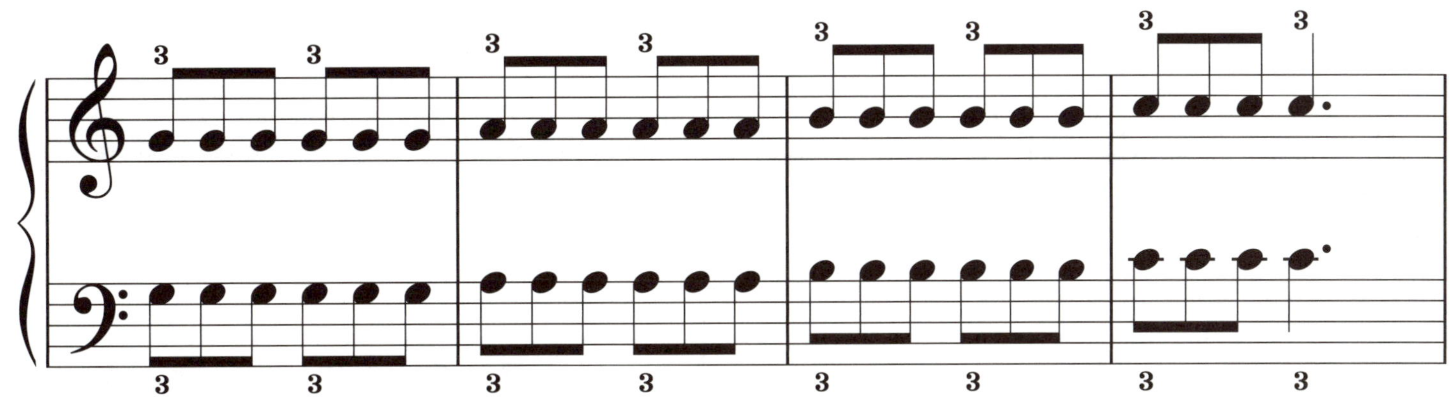

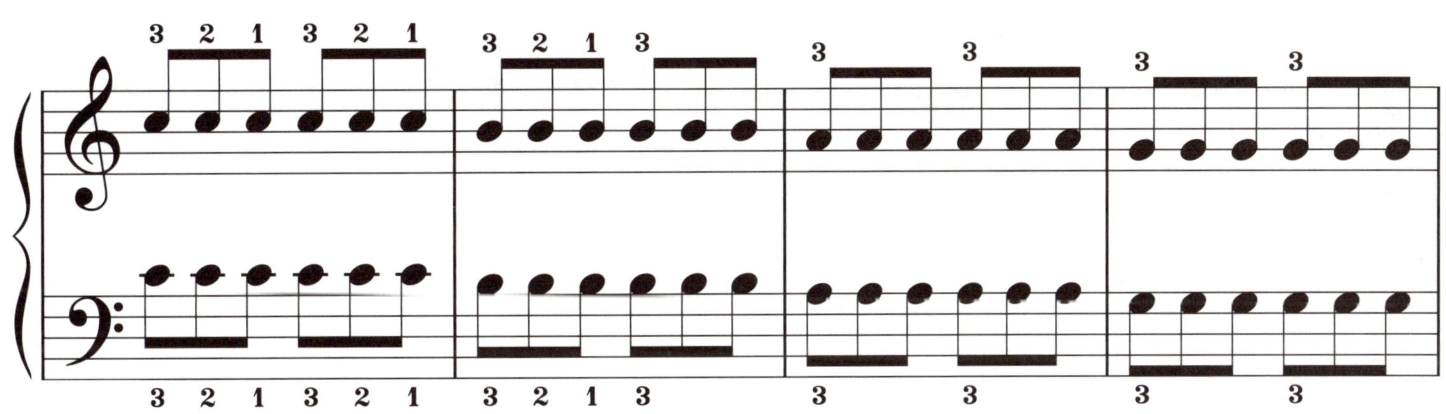

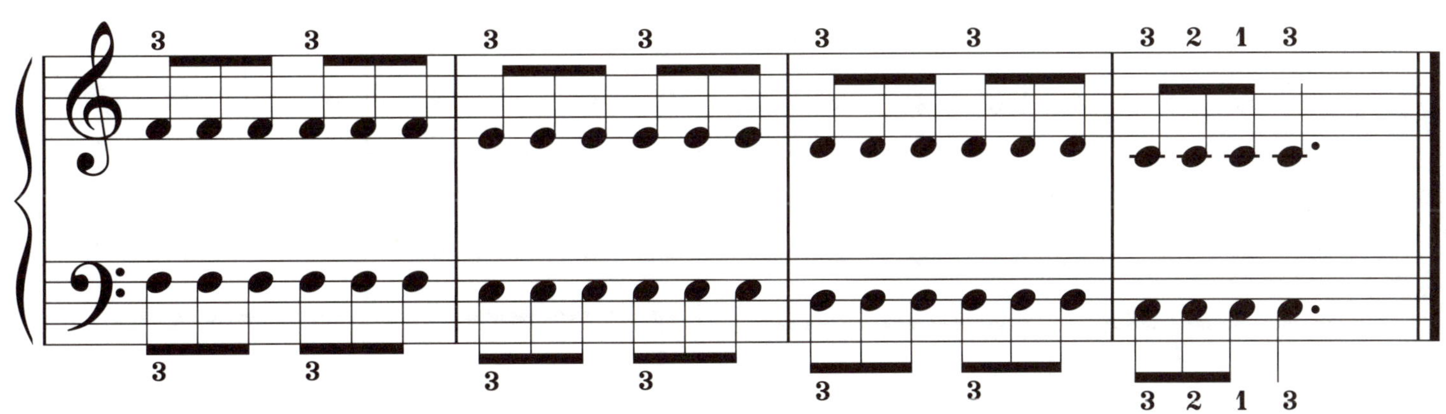

같은음 손가락 바꾸기(4-3-2-1)

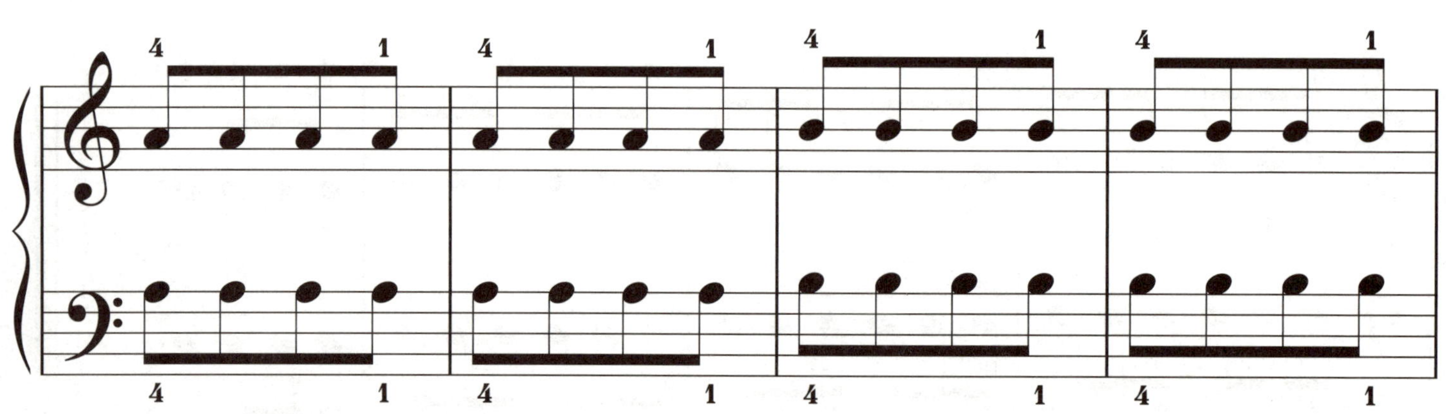

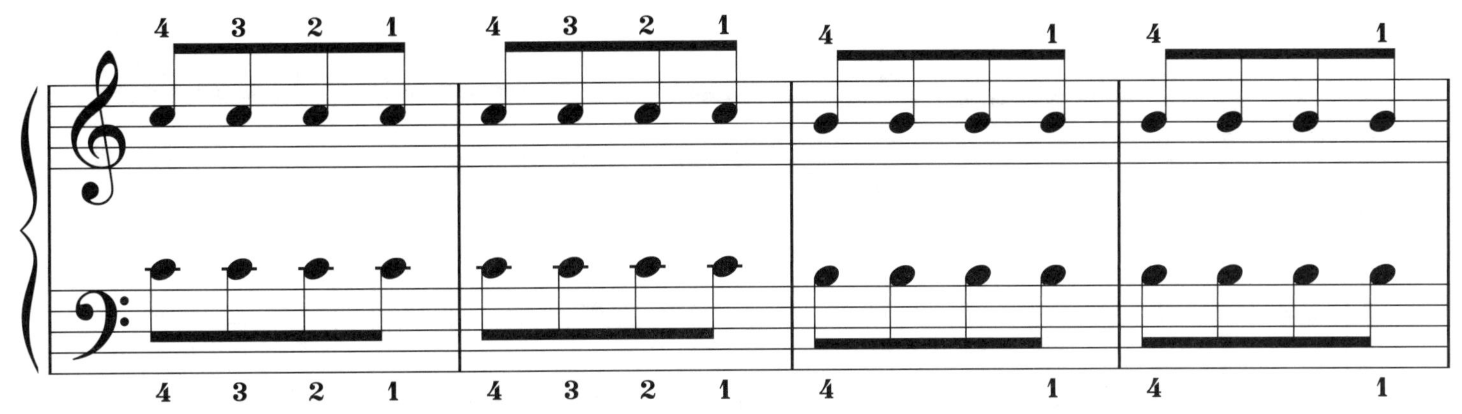

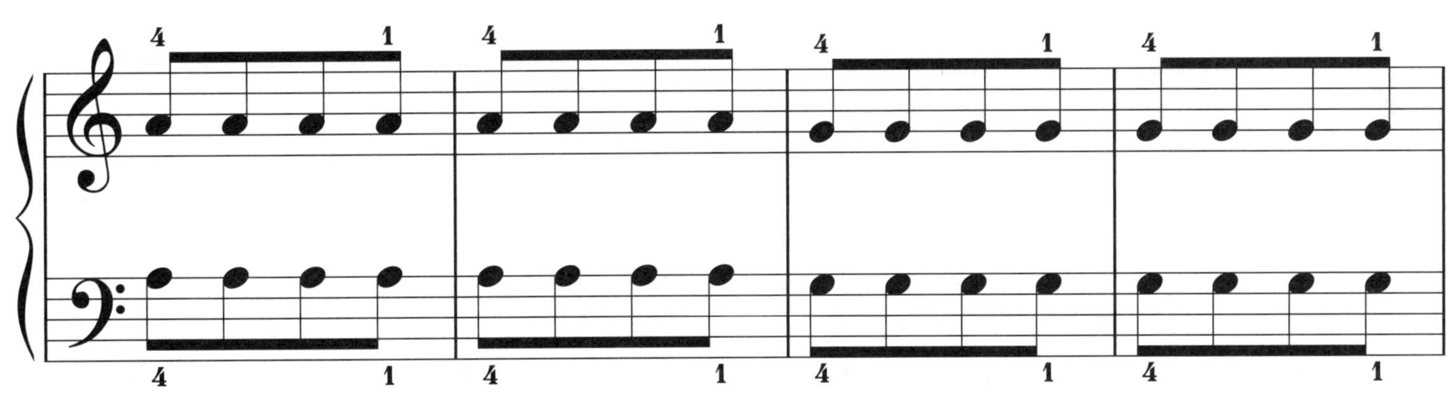

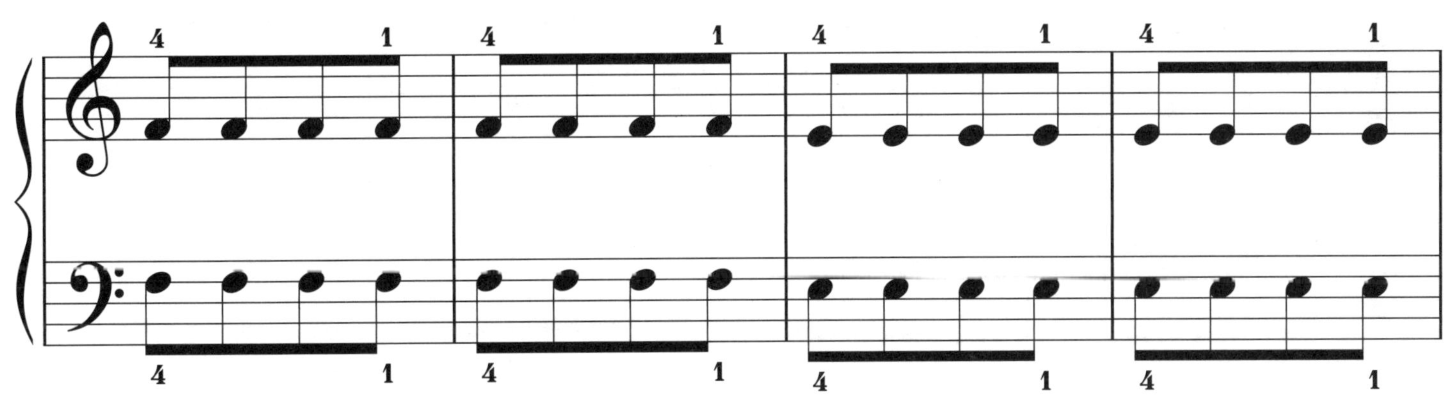

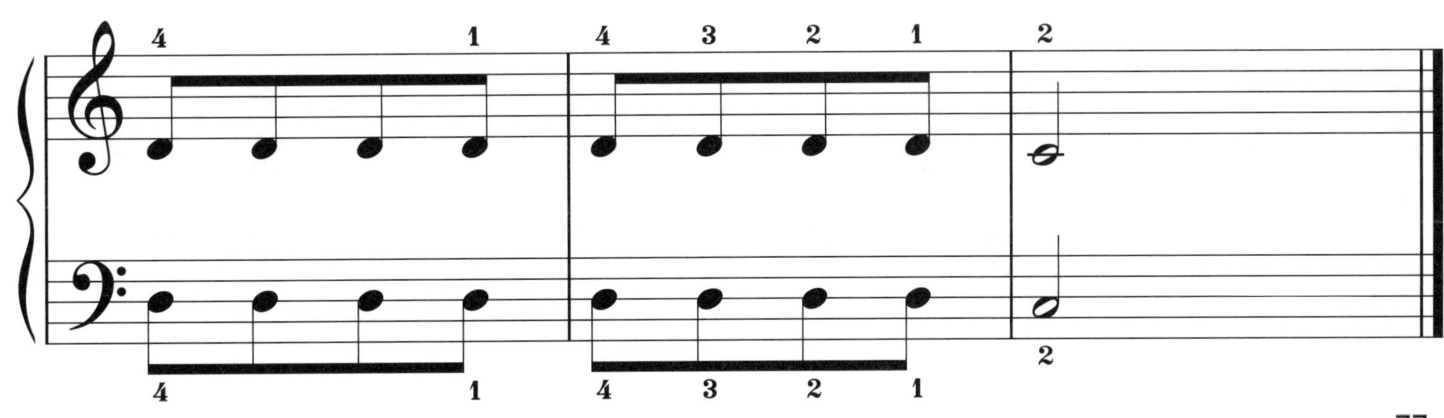

같이가기 1
7

같이가요 2

올라가는 음계 연습

내려가는 음계 연습
하농 38번 응용
10

3도 겹음 연습

6도 겹음 연습
12